Gewidmet allen großen Bratenköchinnen

©   Elisabeth Sandmann Verlag GmbH
München
1. Auflage 2010
ISBN 978-3-938045-46-6
Alle Rechte vorbehalten

Text	Katja Mutschelknaus
Redaktion	Eva Römer
Gestaltung	Kuni Taguchi
Herstellung	Karin Mayer, Peter Karg-Cordes
Lithografie	Christine Rühmer
Druck und Bindung	L.E.G.O., Vicenza

Besuchen Sie uns im Internet unter www.esverlag.de

Katja Mutschelknaus

Frauen mit Geschmack

*Vom Vergnügen,
eine gute Köchin zu sein*

ELISABETH
SANDMANN

JULIA: »*Was könnte ich beruflich tun? Was denkst du?*«

PAUL: »*Inwiefern?*«

JULIA: »*Na, irgendwas muss ich doch tun.*«

PAUL: »*Was machst du denn wirklich gerne?*«

JULIA: »*Essen. Essen — das mache ich wirklich gern.*«

»Julie & Julia«, Spielfilm von Nora Ephron, USA 2009

Inhalt

Und wer macht den Abwasch?
Einblicke in den weiblichen Küchenalltag

Am Anfang stand eine noble Geste. Marie Jeanne Bécu, Comtesse du Barry, hatte ihrem Gönnergeliebten Ludwig XV. wieder einmal den Mund wässrig gemacht, mit allerlei Zierlichkeiten aus ihrer intimen Küche auf Schloss Versailles. Nach dem Genuss des Mahls befand sich Ludwig in jenem wonnigen Zustand seliger Sattzufriedenheit, in welchem für gewöhnlich Bauch und Beine träge zu werden pflegen, hingegen das Herz sich umso großzügiger weitet, und so äußerte der König den Wunsch, man möge ihm den Koch herbeiholen, er wolle diesem sein Lob aussprechen. Die du Barry schickte nach dem Wohltäter – und präsentierte dem verdutzten König eine Frau.

Noch heute erzählt man sich, Ludwig habe der Köchin daraufhin eine hohe Ehre zuteil werden lassen. Er habe ihr das Ordenskreuz am blauen Bande verliehen, die höchste Auszeichnung des berühmtesten Ritterordens Frankreichs, des Ordre du Saint-Esprit. Das Kreuz wird quer über der Brust an einem himmelblauen Band aus feinstem Seidentaft getragen.

Der Name der Köchin ist uns nicht überliefert. Das mag vor allem darin begründet liegen, dass die schönsten Geschichten fast durchweg solche sind, die zwar nicht wahr sind, aber von Träumen erzählen, die wahr wurden. Ludwig XV. starb 1774, und wir wissen, dass sich im bald darauf anbrechenden 19. Jahrhundert in Frankreich die Sitte einbürgerte, eine Frau, die über exzellente Kochkenntnisse verfügte, als *cordon bleu* zu bezeichnen – eine direkte Anspielung auf die

mit dem Orden am blauen Band mutmaßlich ausgezeichnete Mundköchin der Gräfin du Barry.

In Wirklichkeit mussten sich weibliche Köche in der Sphäre der Aristokratie die längste Zeit mit der Statistenrolle begnügen. Als die Küche der französischen Könige im Laufe des 17. Jahrhunderts ihre Vorbildfunktion in der Entwicklung der europäischen Esskultur einzunehmen begann, nannte man das Küchenpersonal bei Hofe *maison bouche* – Mundhaus. Es war in verschiedene Ämter, sogenannte *offices*, unterteilt, in denen Haushofmeister, Mundschenke und Tranchiermeister, Braten-, Saucen- und Suppenoffiziere ihres Amtes walteten. Ganz unten in der Hierarchie stand der Abwäscher – und das war meistens eine Frau.

Blitzblank und rein

Außer im Schlaraffenland, wo sich die Tauben bekanntermaßen von allein braten, hat jede Schlemmerei auch ihre Kehrseite, und die sieht in der schnöden Wirklichkeit meist ziemlich unappetitlich aus. Vermutlich gibt es auf der ganzen Welt nicht eben wenige Paare, denen jene häusliche Szenerie nicht ganz unvertraut erscheinen mag, wonach der Herr des Hauses für ein gastliches Mahl sich als Hobbykoch in Szene setzt, während seine Frau anschließend, nachdem die Gäste den Koch mit Lob überschüttet haben, sich des Schlachtfeldes in der Küche annimmt und die sich dort türmenden fettverkrusteten Pfannen und angekleckerten Schüsseln schrubbt. »Die Arbeit einer Hausfrau hört niemals auf!«, klagte eine amerikanische Ehefrau in den 1970er-Jahren in der berühmt gewordenen Studie von Ann Oakley, »Soziologie der Hausarbeit«. Das Eintauchen der Hände in trübes Waschwasser, das Abkratzen von in Topfböden eingebrannten Bratkrusten, wie auch die schwimmenden Essensreste, die sich mit dem Spülwasser zu einem dubiosen Cocktail amalgamieren, sind alles andere als sinnliche Vergnügungen, und es ist daher nur nachvollziehbar, dass sich bisher noch jede Kultur und Gesellschaft darin hervorgetan hat, diesen unerquicklichen Job möglichst jenen aufzuhalsen, die man als die Rangniedrigsten erachtet.

Bevor die Spülmaschine als Werkzeug der Frauenbefreiung ihren Dienst aufnahm, wurde vom weiblichen Küchenpersonal erwartet, dass es so abzuspülen habe, wie das heute von Maschinen erledigt wird: Der Schmutz, den es zu beseitigen galt, sollte nicht zu sehen sein. Küchenmeister, wie beispielsweise der anonyme Autor des »Bairischen National-Kochbuchs« von 1824, wurden nicht müde, über die ihrer Ansicht nach laxe Haltung des weiblichen Küchengesindes in Sachen Sauberkeit zu lamentieren: »Vergebens habe ich viele hundert Köchinnen zum Besseren zu leiten versucht. Was ich auch sagen und durch Beispiele belegen mochte, so sahen doch viele Frauenküchen, in die ich Morgens hinein trat, jederzeit aus wie ein Waschhaus.« Die Ursache für diese Schlamperei, vermutete der Autor, sei wohl dahingehend zu suchen, dass es »den Köchinnen an aller Gründlichkeit der Bildung« mangele. In der Folge bemühte sich eine ganze Heimindustrie darum, den Hausfrauen mithilfe von Sinnsprüchen mehr Sinn für Reinlichkeit anzutragen. Das führte schließlich im 19. Jahrhundert zur Blütezeit des gestickten Küchentuchs aus Weiß-

leinen, in welchem Weisheiten wie »Blitzblank und rein soll immer deine Küche sein« mit Kreuzstich verewigt wurden.

Feudal die einen, feudelnd die anderen

Bevor die weibliche Emanzipation ihre ersten Blüten trieb, genoss die Küche der Frauen in der öffentlichen Meinung kaum nennenswertes Prestige. Der Grund hierfür war ein vertracktes gesellschaftliches Geflecht, in welchem sich – pardon – die Katze in den Schwanz biss: Sowohl die bäuerlich geprägte vorindustrielle als auch die vormoderne bürgerliche Gesellschaft gründeten auf der Prämisse, dass die Aufgabenverteilung zwischen Mann und Frau strikt geschlechtsspezifisch zu erfolgen habe. Demnach hatte die Frau im Hause und der Mann in der Öffentlichkeit zu wirken. Die häuslichen Pflichten der Frau wurden als natürliche Begabungen angesehen, welche die Weiblichkeit gleichsam als Säugling mit der Muttermilch verinnerliche, weshalb man unhinterfragt davon ausging, dass sich eine Schulbildung für das weibliche Geschlecht grundsätzlich erübrige. Kochen für die Familie galt als Hausarbeit, und wenn eine Frau sich darin eine gewisse Übung erworben hatte, war das ausschließlich durch Erfahrung angeeignetes Wissen und keinerlei methodischer Unterrichtung geschuldet. Man ging davon aus, dass sich das weibliche Schalten und Walten naturhaft entfalte und nicht durch eine Ausbildung aufgewertet zu werden bräuchte. Und weil Hausarbeit nicht bezahlt wurde, war sie in den Augen der Berufsköche eine unqualifizierte Tätigkeit, eine zwar notwendige, aber doch auch selbstverständliche weibliche Christenpflicht, die nicht den Anspruch erheben durfte, eine Kunst zu sein. Köchinnen waren auch für das Feudeln zuständig; feudal aufzukochen hingegen blieb ihnen in der Regel versagt.

Die häusliche Küche der Frauen blieb für den größten Teil der Bevölkerung noch bis Anfang des 20. Jahrhunderts in der Tradition der Armeleuteküche verwurzelt. Der Beruf des Kochs hatte sich im Zeitalter des Feudalismus an den Fürstenhöfen herausgebildet, in einer Epoche, in der die Bevölkerung Europas nahezu überall die gleichen Dinge aß, weil es kaum etwas anderes gab: Getreidebrei und Mus, Hülsenfrüchte, Kohl und Rüben, gestöckelte Milch, Käse und Eier. Schmalz und Öl statt Butter, Bier und Most statt Wein. Erst im 18. Jahrhundert bürgerte sich die Kartoffel ein. Der Einheitsbrei der Untertanenbevölkerung war ein denkbar ungünstiger Nährboden, der die Entwicklung einer abwechslungsreichen, raffiniert den Gaumen kitzelnden Küche, mit der sich hätte Eindruck schinden lassen, ziemlich erschwerte. Es zählt zu den großen Kulturleistungen der hauswirtschaftlichen *cuisine feminine*, auf der Grundlage dieser kärglichen Mittel, die überdies in Zeiten ständiger Missernten und Hungersnöte nie mit Sicherheit zur Verfügung standen, etwas hervorzubringen, was heute Teil unserer kulturellen Identität ist: eine europäische Regionalküche mit einer Fülle lokaler Spezialitäten, die sich zu einem Kaleidoskop alltagsköstlicher Verführungen fügen, und das, obgleich sie von Nord nach Süd und von West nach Ost auf die nahezu nämlichen, schlichten Zutaten zurückgehen. Alleine aus Eiern und Mehl und, je nachdem, etwas Milch oder Schmalz, lässt sich der Teig für Piroggen und Pies, Pasteten und Pasta bereiten, lassen sich Puddings und Pfannkuchen rühren, Nudeln und Nockerln formen.

Zu Befehl!

Nur die Aristokratie und das städtische Patriziat verfügten anfangs über die rechtlichen und pekuniären Mittel, die es ihnen erlaubten, sich all die verlockenden

Dinge in die Küche zu holen, mittels derer sich gewöhnliche Alltagsrezepturen in die Sphäre der Kochkunst emporheben ließen: Gewürze und Spezereien, Zucker und Liköre, Hochwild und edles Federvieh, Butter, Rahm und Exotisches wie Kaffee, Tee und Kakao. Bereits in der Hochkultur der alten Ägypter wurde die Position des Hofkochs prinzipiell mit einem Mann besetzt. Über 5000 Jahre lang hatten männliche Köche das Monopol der höfischen Kochkunst und somit der repräsentativen Küche inne. Das hing unter anderem damit zusammen, dass sich die Institution des Hofes aus dem Militärdienst heraus entwickelt hatte. Unseren Großmüttern war das Wissen um diese historische Tradition noch gegenwärtig. Die Kochbuchautorin Mary Hahn schrieb 1920: »Der Koch ist ein Feldherr, und wie oft im Kriege geht es bei ihm verschwenderisch zu.« Der ursprüngliche Sinn und

Von der Tellerwäscherin zur Köchin:
Das war der Karrieretraum vieler Dienstmädchen; Giuseppe
Maria Crespi, »Das Küchenmädchen«, um 1720.

Zweck des Dienstes bei Hofe bestand darin, den König und dessen Familie zu schützen, und so schloss die Funktion des Hofkochs auch die Pflicht mit ein, die Soldaten des Landesfürsten zu verpflegen. La Varenne, einer der einflussreichsten französischen Hofköche des 17. Jahrhunderts, trug den Titel *écuyer*, was »Schildknappe« bedeutet, und der Starkoch des Londoner Reform Club, Alexis Soyer (1809–1858), machte sich unter anderem mit der Konzeption von Feldküchen einen Namen. Viele Erfindungen der Nahrungsmittelindustrie wie beispielsweise die Margarine oder das Büchsenfleisch gehen auf das Drängen von Feldherren wie Napoleon zurück, die händeringend auf der Suche nach haltbaren, leicht zu transportierenden Nahrungsmitteln für ihre Armeen waren und deren technische Entwicklung forcierten.

Angesichts dieses militärischen Erbes erscheint es nicht verwunderlich, dass der Umgangston in den Küchen bei Hofe alles andere als zimperlich war. Der Kulturhistoriker Leo Moulin weiß von einer Ordre zu berichten, die sich an den Koch am Hofe des Grafen von Burgund im 16. Jahrhundert richtete: »Er muss befehlen und für Ordnung sorgen, und es muss ihm gehorcht werden.« Daran hat sich bis heute in den Küchen der Sternegastronomie nicht wirklich etwas geändert; nach wie vor kommuniziert man dort in der Manier von Feldwebeln. Die amerikanische Autorin Kathleen Flinn, die sich 2004 an der Pariser Kochschule Le Cordon Bleu einschrieb, erzählt in ihren Erinnerungen an diese Zeit, sie und ihre Mitschüler seien dort zu guten »Fußsoldaten ausgebildet worden, die gelernt hätten, Befehle entgegenzunehmen«.

Im Laufe des 18. Jahrhunderts begannen die Frauen nichtsdestotrotz, die Männerbastion der hohen Schule der feinen Küche mehr und mehr für sich zu erobern. Das 19. Jahrhundert, das große Zeitalter der bürgerlichen Kultur, bot ihnen schließlich die ideale Bühne, ihre küchentechnischen Kunstfertigkeiten einer breiteren Öffentlichkeit zu präsentieren. Wachsender Wohlstand und das ausgeprägte Renommierbedürfnis der aufstrebenden bürgerlichen Schichten ließen einen neuen Lebensstil erblühen, in welchem die häusliche Tischkultur eine glänzende Rolle besetzte. Was dem Kaiser sein Mundkoch war, war dem Bürger seine Köchin. Die Kochkunst der Küchenperle unterlag dem gleichen Zweck wie die Kunst eines Hofkochs: Sie diente dazu, das Ansehen eines Hauses zu mehren.

Seither erscheint uns die Kochkunst der Frauen in einem neuen Licht. Mögen auch ihre Leistungen nach wie vor mit den Mitteln der Tradition gewürdigt werden, so stehen ihnen heute doch völlig neue Möglichkeiten zur Verfügung, den Erfolg ihrer kulinarischen Begabungen voll und ganz auszukosten. Delia Smith, die bekannteste und einflussreichste Fernsehköchin Großbritanniens, wurde im Jahr 2009 für ihre Verdienste um die Esskultur des Britischen Königreichs mit dem Ehrentitel »Commander of the Order of the British Empire« ausgezeichnet. Einen Großteil ihrer Tantiemen für die zahlreichen Kochbücher, die sie seit 1971 veröffentlichte und die fast alle zu Bestsellern wurden, hat sie in Aktien für den Norwich City Football Club angelegt. Ihre Karriere als Köchin begann 1962 in einem winzigen Restaurant im Londoner Stadtteil Paddington. Sie hatte dort als Spülerin angefangen.

Fasan in Rahmsauce

Ein Rezept von Lisl Wagner-Bacher, Landhaus Bacher, Mautern, Österreich*

ZUTATEN

2 Fasane · 80 g dünne Scheiben vom Räucherspeck · Fett zum Braten (z. B. Butterschmalz)
Salz, Pfeffer · je 20 g Petersilienwurzel, Sellerie, Karotten
⅛ l Sauerrahm · 1 EL Schlagsahne · 1 EL Mehl

ZUBEREITUNG

Die ausgenommenen und gesäuberten Fasane innen und außen salzen und pfeffern und mit den Räucherspeckscheiben umwickeln. Mit Küchengarn dressieren [in Form binden - Anm. d. Verf.]. In heißem Fett rundherum anbraten, das geputzte und in Würfel geschnittene Wurzelgemüse dazugeben, kurz mit anrösten und dann Fleisch und Gemüse immer wieder mit etwas Fleischbrühe aufgießen - aber nie zu viel Flüssigkeit auf einmal. Wenn die Fasane weich sind, herausnehmen, das Bratensafterl abgießen und entfetten. Die Fasane warm halten. Die Sauce aufkochen, Sauerrahm, Schlagsahne und Mehl in einer kleinen Schüssel glatt rühren und unter Rühren in die heiße Sauce eintröpfeln lassen, sodass es gut bindet. Die Sauce durch ein Sieb gießen, nochmals erwärmen und abschmecken. Anschließend die Fasane aus dem Speckmantel lösen (einen Teil davon für die Sauce aufheben), tranchieren und in eine vorgewärmte Schüssel legen. Die Sauce mit etwas Speck kurz aufmixen, über die Fasane gießen und servieren.

**Lisl Wagner-Bacher schreibt dazu: »Dieses Rezept ist eine Reminiszenz an meine Mutti.
Sie hat das Gericht immer mit Nudeln und Preiselbeeren ihren Gästen serviert. Auch wir Kinder haben es sehr gern gegessen.
Ich habe immer noch den Geschmack von damals in Erinnerung. Als ich klein war,
aß ich meist nur die Nudeln mit der Sauce, das hat mir so gut geschmeckt, ich brauchte gar kein Fleisch.
Heute ist es sehr schwer, diesen Geschmack von früher zu treffen, denn es wird immer schwieriger,
noch richtige Wildfasane zu bekommen. Zu der Zeit, als meine Mutti dieses Gericht gekocht hat,
war es auch noch üblich, die Vögel zu entdarmen und anschließend im Federkleid einige Tage abhängen zu lassen.
Auch das hat zu dem einmaligen Geschmack von damals beigetragen. «*

Madame wünscht zu speisen

Vom weiblichen Appetit auf höfische Genüsse

❧ 1 ❧

Die Perle

Mühsal und Glanzlichter eines Lebens in Stellung

E s ist kaum anzunehmen, dass Nanette heutzutage alle Hände voll zu tun hätte. »Nanette«, würde die Gnädige vielleicht zu ihr sagen, »es ist nicht nötig, dass Sie das Frühstück für mich richten. Ich nehme einen Coffee to go auf dem Weg zur Arbeit. Ach ja – und die Kinder essen nach der Schule wohl wieder bei McDonald's.« Angenehm wäre dieses Leben für Nanette, mit einer derart anspruchslosen Herrin und so viel Unterstützung seitens fleißiger Bediensteter, die überdies niemals zanken und keifen, weil sie von Hause aus stumm sind. Miss Tiefkühltruhe, Küchenjunge Kühlschrank und Laufbursche Staubsauger gehen Nanette zur Hand; nimmermüde verrichten sie ihr Tagwerk, und niemand muss ständig hinter ihnen her sein, damit sie nicht ins Trödeln und Tändeln verfallen. Noch in den einfachsten Häusern gehören solche billigen Kräfte inzwischen zum Standard. Mikrowelle, Induktionsherd – man braucht heutigentags weder ein Lord noch eine Lady zu sein, um sich solch hocheffiziente Heinzelmännchen leisten zu können. Die Gnädige macht sich also auf den Weg zur Arbeit, und Nanette schäumt sich erst einmal eine Latte macchiato auf. Sie überlegt: Ob sie wohl heute Abend etwas aus der Ökokiste kochen sollte? Oder ob die Herrschaften vielleicht doch lieber zum Italiener gehen?

Gerätschaften, die Haushaltsarbeiten ganz von alleine verrichten, und eine Gnädige, die morgens ins Büro enteilt: Noch vor gut einhundert Jahren hätten

Nanettes Kolleginnen über solch unerhörte Erscheinungen die Hände über dem Kopf zusammengeschlagen. Sie hätten nicht zu entscheiden vermocht, was sie schockierender finden sollten: einen Laufburschen, der von Elektrizität angetrieben wird? Oder eine Gnädige, die an einem Rechenapparat sitzt und Börsenkurse studiert, gerade so wie ein Mann? Gleichwohl hätten sie die gute Nanette beneidet, und zwar nicht eben wenig. Die brave Minna aus Berlin, das fleißige Lisettchen aus Lyon oder die gutmütige Marybeth aus London, all die vielen Haus- und Küchenmädchen des 18. und 19. Jahrhunderts mussten noch in aller Herrgottsfrühe aufstehen, und das bedeutete damals: meist bei fünf Uhr Glockenschlag, im Sommer und auf dem Lande sogar noch zeitiger. Schlafen gehen konnten sie erst, wenn der Mond bereits hoch am Nachthimmel stand. In den 18 Stunden dazwischen durften sie sich glücklich schätzen, wenn sie sich nachmittags einmal ein halbes Stündchen hinsetzen konnten. Aber auch dabei durften sie nicht untätig sein. Solche Momente relativer Beschäftigungslosigkeit dienten lediglich dazu, die Kleidung in Ordnung zu halten und zum Beispiel Löcher in der Küchenschürze zu flicken oder Strümpfe zu stopfen.

Die Vorzüge zeitigen Aufstehens, befand Isabella Beeton, könnten dem Personal nicht nachdrücklich genug vor Augen geführt werden. Mrs Beeton veröffentlichte 1861 in London das seinerzeit meistverkaufte Kochbuch des Inselreichs: »Beeton's Book of

Household Management«. Darin beschreibt sie auf über tausend Seiten, welche Bedienten einem herrschaftlichen und bürgerlichen englischen Haushalt vorbildlicherweise zur Verfügung stehen sollten und welcher Art die Tätigkeiten sind, die das weibliche und männliche Personal zu verrichten habe. Köchin und Küchenmädchen sollten »mit der Lerche« aus dem Bette hüpfen und sich sodann rasch ans Werk begeben. Stünden sie auch nur eine halbe Stunde später auf, warnte Mrs Beeton, würde sie das den ganzen restlichen Tag über in zeitliche Bedrängnis bringen. Dem Küchenpersonal im britischen Empire oblagen nicht nur das Kochen und die Verantwortung für die Schaltzentrale Küche mit ihren diversen Räumlichkeiten von der Speisekammer bis zur Spülküche,

nein, auch die Reinhaltung von Treppenhaus, Diele, Empfangssalon und Speisezimmer unterstand ihren Pflichten. Marybeth stand folglich mit den Hühnern auf, schlurfte so leise wie nur irgend möglich zum Herd und zum Kamin, um die Herrschaft nur ja nicht mit ihrem Pantinengeklapper zu wecken; dann schichtete sie Holzscheite übereinander und entzündete mithilfe von Schwefelhölzchen das Feuer zum Heizen und Kochen. Sie holte Wasser vom Brunnen, goss es

Die Gnädige und ihr Küchenmädel: Die tägliche Besprechung des Speiseplans gehörte zum Pflichtprogramm bürgerlicher Haushaltsführung; George Washington Lambert, »Lottie und die Lady«, undatiert, Ende 19. Jh.

in einen kupfernen Teekessel und setzte diesen aufs Feuer. Zuvor hatte sie den Küchenherd mit Bürste und Handbesen bearbeitet, ihn von Ruß und Ascheresten befreit und seine gusseisernen Platten mit einem Lederlappen und einer Paste aus Terpentin und feingemahlenem Schmirgel geschwärzt und poliert. Nach dem Feuermachen ging sie in den Empfangssalon und ins Speisezimmer, wischte Staub, streute Earl Grey-Teeblätter auf den Teppich und kehrte diesen ab, auf dass der Teppich nicht nur gesäubert, sondern der ganze Raum mit einem feinen Duft erfüllt werde: »sweet and delicate« – frisch und appetitlich, wie Mrs Beeton betont. Dann feudelte Marybeth die Steinböden und das Treppenhaus und schüttelte die Fußmatten vor dem Dienstboteneingang aus. Anschließend wusch sie sich und wechselte ihre Schürze. Den Hefeteig für die morgendlichen Rosinenbrötchen hatte sie bereits am Abend zuvor angesetzt. Nun bäckt sie die Brötchen und bereitet den Tee, gießt Milch und süßen Rahm in Kännchen, holt die handgeknetete Butter aus dem Keller, deckt den Tisch im Speisezimmer mit einem weißen Tischtuch, Stoffservietten und blank poliertem Silber. Sie mahlt grobes Salz im Mörser und schüttet es in ein Servierschälchen, brät Schinken und Eier und lässt alles auf einem Tablett servieren, sobald sich die Familie um den Esstisch versammelt und die Dame des Hauses nach ihr läutet. Das geschieht meist gegen acht bis neun Uhr. Da hat Marybeth bereits mehr als drei Stunden gearbeitet und selbst noch keinen Bissen gefrühstückt.

Monsieur Blandin braucht eine Köchin

Wir haben heute nur noch ungefähre Vorstellungen, wie sich der Tageslauf von Marybeth, Minna oder Lisette in den noch folgenden 15 Stunden gestaltet haben mochte. Die Selbstverständlichkeit von Acht-Stunden-Arbeitstagen, Tarifabschlüssen und gesetzlich geregeltem Urlaub war selbst Anfang des 20. Jahrhunderts noch weitgehend Utopie. Man ist versucht, im Zeitalter der 38-Stunden-Woche Schilderungen wie jene von Mrs Beeton als verstiegen oder versnobt nostalgisierend zu bewerten. Diese Arbeitswelt war jedoch Realität – auf den Britischen Inseln wie auf dem Kontinent. Die Vorzüge, die sich daraus ergaben, waren keineswegs nur ein Privileg der Aristokratie. Seit dem 17. Jahrhundert galt Personal auch unter der wohlhabenderen städtischen Bevölkerung als Statussymbol. Man guckte sich den aufwendigen Lebensstil von den höfischen Residenzen ab – und kopierte ihn en miniature. Wenigstens ein »Mädchen für alles« wollte man sich im Mindesten leisten können. Im bürgerlichen Zeitalter fühlten sich Herrschaften, die es zu etwas gebracht hatten, nachgerade verpflichtet, bei einer häuslichen Einladung zu einem Diner oder Souper mit ihrer Perle vor den Gästen Staat zu machen. Der Direktor der Banque de France beispielsweise, Monsieur Blandin, lebte mit seiner Frau und drei Kindern in einer Beletage in Lyon, 1872. In seinem Haushalt wohnten auch die Köchin und der Hausdiener der Familie. Im Paris des Jahres 1901 war nahezu die Hälfte aller berufstätigen Frauen in einem Haushalt tätig: als Köchin oder *femme de ménage* oder beides. Das britische Königreich freilich hatte es dahingehend zur Meisterschaft gebracht, die Profession des häuslichen Dienens seit dem 17. Jahrhundert so arbeitsteilig auszugestalten, dass bis zur Viktorianischen Ära daraus schließlich ein Berufszweig mit allerfeinsten Verästelungen ent-

standen war. Alleine die Aufgaben des weiblichen Küchenpersonals ließen sich im Falle formvollendeter Haushaltsführung auf eine Köchin, eines oder mehrere Küchenmädchen, eine Servierkraft, eine Spülkraft, eine Scheuerfrau und eine Milchmagd verteilen; Letztere hieß im Jargon der Zeit *dairy maid* und war für das Entrahmen der Milch, das Buttern und Käsen und – so sie in Devonshire lebte – für die Zubereitung der traditionellen Clotted Cream zuständig. Es handelt sich hierbei um eine Delikatesse für den Afternoon Tea oder Cream Tea: Man lässt frische Kuhmilch bis zu zwölf Stunden in einer Reine aufrahmen und erhitzt sie anschließend auf kleinster Flamme langsam und bedächtig, bis der Rahm an der Oberfläche eine hauchzarte, honigfarbene Kruste erhält. Dann zieht man den Topf vom Herd und lässt den eingedickten Rahm gut durchkühlen. Er ist nun cremig wie Mascarpone – unwiderstehlich auf Scones mit Erdbeermarmelade. Übrigens zählte zu den Obliegenheiten der Milchmagd auch das Füttern der Schweine. Die dürften sich jeden Tag darauf gefreut haben, denn man gab ihnen die vom Buttern übriggebliebene Buttermilch zu schlabbern. Das Melken besorgte der Stallknecht.

Man mag es in diesem Zusammenhang als Jammer empfinden, dass die Zeitmaschine nie erfunden wurde. Sie auszutüfteln hätte sich alleine deswegen gelohnt, weil sich mit ihrer Hilfe vom ofenwarmen Backschinken mit Honigkruste kosten ließe, den die mit Buttermilch gemästeten Schweine der englischen Grafschaften im Zeitalter der Jane-Austen- und Brontë-Romane zu liefern bestimmt waren. Das personalintensive Hauswesen war mithin nur in den Gutshäusern der Gentry, des niederen Landadels, die Regel sowie in den Landsitzen und feinen Stadtvillen des Hochadels. Das bedeutete allerdings nicht, dass Herrschaften bürgerlicher Provenienz oder aus verarmtem Landadel auf die Annehmlichkeiten von Hausperso-

Rußige Zeiten

Es ist uns allen schon passiert: Uns brennt etwas auf dem Herd an, und im Nu durchzieht ein beißender Geruch die Küche, legt sich auf die Schleimhäute, brennt in den Augen und ist trotz ausgiebigen Lüftens kaum zu beseitigen. Wir können uns heute kaum vorstellen, dass Köchinnen noch vor gut 150 Jahren unter solchen Bedingungen täglich gekocht haben. Der geschlossene Herd und der Elektro- und Gasherd sind kulturgeschichtlich ziemlich späte Errungenschaften. Dass sie überhaupt erfunden wurden, war nicht nur der allgegenwärtigen Brandgefahr durch offene Feuerstellen geschuldet, sondern vor allem einer Energieversorgungslücke. Gegen Ende des 18. Jahrhunderts stand Europa vor dem Problem immer knapper werdender Energieressourcen. Es waren über die Jahrhunderte so viele Wälder abgeholzt worden, dass das Brennholz nicht mehr ausreichte – und vor allem für ärmere Schichten teilweise unerschwinglich wurde. Überall gab es Initiativen, die der Bevölkerung die Kunst des Energiesparens beizubringen versuchten. In Berlin beispielsweise wurde 1784 die »Gesellschaft für Energiesparkunst« gegründet. Sie verfolgte das Ziel, Alternativen für das Kochen am offenen Herdfeuer zu entwickeln. Bis die ersten geschlossenen Herde erfunden wurden, kannte man nichts anderes als die offene Feuerstelle. Sie diente zum Kochen und Heizen. Egal ob Fürstenhaus oder Bauernkate – der Herd bestand aus einem feuerfesten, meist gemauerten Sockel, auf den man Holzscheite schichtete. Nur in wohlhabenden Häusern gab es einen Rauchabzug – in den ärmlichen Behausungen zog der Rauch hingegen erst durch den ganzen Raum und anschließend aus dem Fenster. Dadurch wurde die Küche über die Jahre mit einer dicken Schicht Ruß überzogen. Aber auch Küchen, die einen Rauchabzug hatten, waren ständig verrußt. Sobald das Feuer prasselte, zogen Rußfäden durch die Luft, drang Rauch in die Lungen und in die Kleidung. In der Küche herrschten enorme Temperaturen. Kein Wunder, dass die meisten Gemälde mit Küchenmotiven meist rotbackige Köchinnen zeigen – die leuchtenden Wangen kommen nicht vom Rouge oder der freudigen Erwartung eines Rendezvous, sondern von der unerträglichen Hitze.

nal verzichtet hätten. Selbst ein Beamtenhaushalt im Frankfurt der Gründerzeit oder im Dijon des Zweiten Kaiserreichs unter Napoleon III. (1808–1873) legte sich finanziell lieber krumm, als ohne Mädchen für alles auskommen zu müssen. Wer auf sein Renommee hielt, kam um Personal nicht herum. Und so wurde das bürgerliche Zeitalter die klassische Wirkungssphäre jenes Frauentypus, den wir heute nur noch aus Filmen und Erzählungen kennen: die Haushaltsstütze »in Stellung«.

Der Kampf mit dem Ungetüm

Diese Erscheinungsform häuslichen Lebensstils hatte mehrere Wurzeln. Seit der Französischen Revolution befand sich Europa radikal im Umbruch. Die Bevölkerung wuchs, weil die landwirtschaftliche Technik produktiver wurde und neue Erkenntnisse über die Bedeutung der Hygiene Wirkung zeigten. Folglich gab es immer mehr Menschen, für die es, zumal auf dem Lande, nicht genügend Arbeit gab. Massenarmut war auch im 19. Jahrhundert eines der drückendsten Probleme Europas. Die Städte wuchsen, die Industrialisierung legte an Tempo zu, Fabriken wurden gegründet. Damit setzte eine Landflucht ein, deren Ausmaß wir uns heute kaum vorstellen können. Billige Lohnkräfte überschwemmten den Arbeitsmarkt der Städte. Heim- und Fabrikarbeit und dienende Tätigkeiten in einem Familienverbund – von der Küchenmagd bis zur Gouvernante – waren für Frauen die einzigen Bereiche, die ihnen als Broterwerb zuerkannt wurden. Und so rollten Tag für Tag aus den ärmeren Gegenden Europas die Dampfzüge in die Bahnhöfe Berlins, Londons, Prags oder Wiens ein. Zischend kamen sie zum Stehen. Und spuckten Scharen junger Mädchen aus, die in der Stadt auf Arbeit und das kleine Glück hofften.

Ihre Arbeitskraft wurde dringend gebraucht: Die Haushaltstechnik des frühen Industriezeitalters brachte so ihre Malaisen mit sich. Alleine die Handhabung des Küchenherds war über die Maßen kompliziert und ohne Unterstützung kaum zu bewältigen; umso weniger, wenn man gesellschaftlich reüssieren und ein gastfreies Haus unterhalten wollte. Bis weit ins 19. Jahrhundert hinein wurde vielerorts noch überm offenen Feuer gekocht – in Bergbauernhöfen des Alpenraums finden wir das teilweise heute noch. Mit geschlossenen Herden aus Gusseisen experimentierte man in Europa und den USA erstmals gegen Ende des 18. Jahrhunderts. Mitte des 19. Jahrhunderts kamen die ersten transportablen Küchenherde aus Eisen in den USA auf den Markt – sie waren eine Attraktion auf der Weltausstellung in London 1851, aber nur etwas für Leute mit Geld; in etwa zur gleichen Zeit kam der Gasherd in Gebrauch. Ab 1900 setzte sich – wenngleich im Schneckentempo – der Elektroherd durch. Allerdings waren alle diese Herde nach heutigem Ermessen Ungetüme. Sie in Gang

---

Butter, Rahm und Käse wurden früher selbst hergestellt. Dieses Bauernmädchen gießt Milch zum Aufrahmen in eine Reine; Jan Vermeer, »Die Milchmagd«, 1658–1660.

und Schuss zu halten wurde nicht nur von zart besaiteten Haustöchtern als enervierend empfunden. Täglich mussten diese Monstren aus Gusseisen und Messing ausgekehrt, geschrubbt, mit Polierpaste eingerieben und blank gescheuert werden. Es konnte nicht ausbleiben, dass man sich dabei die Finger schmutzig machte. Davor fürchteten sich bürgerliche Damen, die sich von den Unterschichten abzugrenzen trachteten und der besseren Gesellschaft vor Augen führen wollten, dass sie sich auf die feine Lebensart verstehen. In Jane Austens Roman »Stolz und Vorurteil« fragt der Heiratskandidat Mr Collins anlässlich eines Abendessens bei der Familie Bennet, welche der fünf Töchter des Hauses für das köstliche Essen zu loben sei. Die Hausfrau zeigt sich düpiert: »Mrs Bennet ließ ihn, leicht ungehalten, wissen, dass sie sehr wohl in der Lage seien, sich eine gute Köchin zu halten, und dass ihre Töchter nichts mit der Küchenarbeit zu schaffen hätten.«

Das Mädchen vom Lande

Die Perle selbst war ein Naturkind, das sich für nichts zu schade war. Aus ärmlichen Verhältnissen stammend, hatte sie von Kindesbeinen an das Leben der Häusler, Tagelöhner, Kleinbauern, Mägde und Knechte kennengelernt. Dort, wo sie herkam, waren Jahres- und Tageslauf von Sonnenaufgang bis Sonnenuntergang von harter Arbeit bestimmt. Bereits als kleines Mädchen musste sie mit anpacken, bei der Ernte und beim Heumachen, beim Flachsbrechen, Spinnen und Weben, beim Füttern und Schlachten der Tiere, Buttern und Käsen. Juliette Sauget, ein französisches Dienstmädchen, erzählt von ihren Anfängen um 1900: »Sobald wir mit der Schule fertig waren, nahmen wir Kinder Arbeit an, um unsere armen Eltern zu unterstützen. Wir verdingten uns im Haushalt bei den Bauern der Umgebung.« Überall

Kleine Chronologie des Küchenherds

1780: Der Engländer Thomas Robinson konstruiert den ersten halb offenen, halb geschlossenen Küchenherd aus Gusseisen.

Etwa zur gleichen Zeit entwickelt der amerikanische Physiker Benjamin Thompson, der in Bayern als Graf Rumford geadelt wird, den ersten geschlossenen Sparherd aus Eisenblech, der den Bedarf an Brennmaterial um 90 Prozent reduziert.

Um 1800: Holzkohle löst mehr und mehr das Brennholz ab.

1802 (England): George Bodley meldet ein Patent für einen komplett geschlossenen Küchenherd mit gusseiserner Herdplatte an.

Um 1850: Benjamin Thompsons geschlossener Sparherd mit Backrohr, Wasserschiff, Aschelade und Ofenrohr ist als technische Entwicklung ausgereift. Er wird zum Vorbild für die Kochherde auf dem europäischen Kontinent.

1851: Auf der Weltausstellung in London wird der erste transportable geschlossene Küchenherd mit gusseisernen Füßen vorgestellt – ein Modell aus den USA.

Etwa zur gleichen Zeit entstehen die ersten Gaswerke.

Ende des 19. Jahrhunderts: Der Gasherd mit regulierbarer Hitze kommt in Mode, jedoch nur in Städten mit öffentlicher Gasversorgung.

Um 1890: Die ersten Elektroherde werden in den USA entwickelt.

Um 1900: Die Funktionen des Heizens und Kochens beginnen sich zu trennen: Der Herd dient allmählich nicht mehr als alleinige Wärmequelle eines Haushalts, sondern nur noch zum Kochen.

auf dem europäischen Kontinent wurde die Arbeit auf dem Lande über das Feudalzeitalter hinaus mit Gesindeordnungen geregelt. Landarbeiter galten als Gesinde. Wer vom Lande in die Stadt zog und dort in Stellung ging, zählte ebenfalls zum Gesinde. Köchinnen, Küchenmädchen und Mädchen für alles unterlagen der Gesindeordnung ebenso wie Mägde und Knechte. Für sie bedeutete diese Ordnung: wenige Rechte, viele Pflichten. Es sprach sich herum, dass die ärmlichen Landkinder tüchtig mit anpacken konnten und treu und zuverlässig dienten. Man hatte sie früh mit den Dingen des Lebens vertraut gemacht: Aus eigener Anschauung kannten sie den Werdegang eines Lebensmittels von der Aussaat bis zur Ernte, von der Ernte zur Vorratshaltung, von der Vorratshaltung bis zur Verarbeitung. Mit ihren kleinen Fingern konnten sie kehren und fegen, flicken und stopfen, Weißkraut raspeln, Zwiebeln hacken und Kartoffeln schälen: »Untersetzt, kräftig, nicht sehr gescheit, auch nicht flink, trug sie einfache, grobe Kleidung und schwere Schuhe, die ihr keinen schwebenden Gang verliehen«, schildert Walter Brecht, der Bruder Bertolt Brechts, das Eintreffen der Marie Miller aus

Krumbach in Schwaben in den Augsburger Haushalt der Familie Brecht um 1900. Das »Landtochterblut« jener unzähligen schüchternen Mädchen vom Dorfe, wie es der Schriftsteller Adolf Willbrandt 1907 formulierte, war dermaßen begehrt, dass sich nicht eben wenige städtische Familien während der Sommerfrische auf dem Lande ein Bauernmädchen ausguckten. Das saß dann am Ende der Ferien neben den Herrschaften in der Kutsche oder im Eisenbahn-Coupé, um in der Stadtwohnung ihr neues Mädchen zu werden. Es war durchaus nicht ungewöhnlich, dass ein solch junges Ding gerade einmal zwölf Jahre zählte, wenn es zum ersten Mal in seinem Leben die Schlote der Großstadt erblickte.

Im Hause der Gnädigen wurde das Heimweh tunlichst hinuntergeschluckt. Man gab sein Bestes, um sich zu einer tüchtigen Kraft zu entwickeln. Die Stadt bot schließlich Aufstiegschancen. Wer weiß? – Vielleicht nahm einen ja später einmal ein Soldat, ein Handwerker oder ein kleiner Beamter zur Frau? Man war nicht zimperlich, schlief in Kabäuschen, die nicht größer als Abstellkammern waren, schuftete tagsüber bis zur Erschöpfung und nahm noch die kompliziertesten Rezepturen tapfer in Angriff. Nur ein gutes Arbeitszeugnis bot schließlich die Chance, sich in ein paar Jahren, in einem anderen Haushalt, möglicherweise nicht mehr nur als Mädchen für alles, sondern als Köchin verdingen zu können. Erfahrung und Können erwarb man durch Übung. Eine geregelte Ausbildung, eine Kochlehre, das alles kannte man damals nicht – nicht für Frauen. Die Karriere dieser ungelernten weiblichen Küchenberufe verlief, wenn sich alles glücklich fügte, nach dem Muster: von der Tellerwäscherin zur Köchin. Man fing

als Scheuermagd, Küchenmädchen oder Mädchen für alles an. Und viele Mittagessen und Diners und festliche Soupers später hatte man die letzte Stufe der Karriereleiter erklommen und konnte als Köchin nun selbst ein Küchenmädchen unterweisen.

Kein Pardon mit der Schildkröte

Wenn nun die Gnädige für Samstag ein festliches Abendessen für 24 Personen anberaumte, machte sich das Mädchen bereits am Donnerstag an die Arbeit für die »Falsche Schildkrötensuppe«, auch »Mock-Turtle-Suppe« genannt. Sie galt als stilvoller Auftakt für ein glanzvolles Diner. Wer je das Vergnügen hatte, in einem Restaurant alter Schule diesen Traum von einer Suppe auf den Löffel zu nehmen, wird möglicherweise bedauern, dass die Molekularküche der Mock-Turtle-Suppe zwischenzeitlich den Rang abgelaufen hat. Aber die Zeitläufte fordern ihren Tribut: Es ist nahezu eine Unmöglichkeit, eine Mock-Turtle-Suppe in einer Hochhaus-Einbauküche zu verfertigen, ohne ein Desaster anzurichten. Man braucht dafür zehn Pfund Rindfleisch alleine für die Brühe, die ausschließlich zum Vorgaren der Suppeneinlagen dient, ferner: »einen ganz frischen Kalbskopf, eine Schweineschnauze nebst Ohren, einen Ochsengaumen und eine geräucherte Ochsenzunge, nebst kleinen Saucissen [Würstchen], einigen in Stückchen geschnittenen Kalbsmilchen [Bries], soviel Kalbskopfbrühe, dass man hinreichend Suppe hat, auch ½ Flasche Madeira und Austern« – so ein Rezept der Henriette Davidis aus dem Jahre 1906. Der Kalbskopf musste vor dem Kochen überm offenen Feuer rundumher angeröstet werden; das verstärkte das Aroma der Kraftbrühe. Man kann sich nun leicht vorstellen, dass es von außerordentlichem Vorteil war, wenn die jungen Küchenmädchen in ihrem Eltern-

haus auf dem Lande früh Fühlung mit der Endlichkeit des Lebens genommen hatten. Das ließ sie weniger Ehrfurcht vor dem Fleischlichen zeigen. Wer bei der jährlichen Hausschlachtung des Schweins zugeschaut hatte, wusste, dass für die Herstellung einer guten Mock-Turtle-Suppe das Gleiche gilt wie für die von Blutwurst: Von nichts kommt nichts. Stand allerdings die echte Schildkrötensuppe auf dem Speisezettel, war das Chefinnensache. Hier musste die erfahrene Köchin ran. Es gehörte auch in Zeiten rudimentären Tierschutzes eine gewisse Abgebrühtheit dazu, einem Rezept wie jenem der Katharina Prato aus dem Jahre 1858 ohne Skrupel Folge zu leisten: »Schildkröten zu tödten: Man hält ein glühend gemachtes Eisen auf das Rückenschild, damit sie den Kopf und die Pfoten herausstrecken, worauf man jenen schnell abhackt, sowie auch den Schweif. Größere Schildkröten werden nach dem Ausbluten, wozu man sie einige Zeit hängen lässt, auf den Rücken gelegt, um das Bauchschild abzulösen, die Eingeweide zu entfernen und das Fleisch herauszunehmen, welches man auswässert.«

Lord Nelson kauft einen Herd

Wir wissen nicht, wie viele Schildkrötensuppen Lady Emma Hamilton möglicherweise zubereiten musste, um in die höchsten Kreise der britischen Gesellschaft vorzudringen. Wir wissen nur, dass sie keine Geringeren als Sir Harry Fetherstonhaugh aus der Grafschaft Sussex, Sir William Douglas Hamilton, den Botschafter der britischen Krone im Königreich Neapel sowie – last but not least – den Seehelden Lord Horatio Nelson (1758–1805) derart weichköchelte, bis diese ihr schließlich vollkommen erlegen waren. Vor ihrem Aufstieg zur Gesellschaftslöwin hörte Lady Emma auf den Namen Amy Lyon. Sie kam um 1765, genauer weiß man es nicht, in der Grafschaft Cheshire als Tochter eines Schmieds zur Welt. Ihr Leben als junges Mädchen glich jenem Tingeltangel aus Demimonde, weiblichem Raffinement und illustren Herrenzirkeln, der schon im 19. Jahrhundert Stoff für Gesellschaftsklatsch bot, und bis heute von Autoren amouröser Schmöker für pikante Plots ausgeweidet wird. Amy verdingte sich in Londoner Haushalten als *Maid-of-all-Work* – Mädchen für alles. Sie lernte kochen und entdeckte bald ihre Neigung für das Singen und Tanzen. Sie posierte für Kunstmaler und trat auf kleineren Bühnen auf. Sir Harry war von ihren Tanzdarbietungen entzückt. Er lud sie auf seinen Landsitz Uppark House ein und ließ sie dort das Air feudaler Lebensart schnuppern – er verfügte über nicht weniger als zehn weibliche und zehn männliche Bedienstete alleine für seine innerhäusliche Bequemlichkeit. Auf Uppark House dürfte es auch gewesen sein, dass Amy erstmals eine Küchenausstattung nach dem Geschmack der eleganten Welt in Augenschein nehmen konnte. Als sie einige Jahre

(und einflussreiche Gentlemen) später schließlich die Gattin von Sir Hamilton wurde und mit ihm und ihrem Geliebten Lord Nelson eine Dreiecksliaison auf Merton Place in Surrey pflegte, ließ sie dort einen Küchenherd nach der neuesten Mode installieren. Lord Nelson, der nicht nur als siegreicher Admiral, sondern auch als Feinschmecker von sich reden machte, beglich diese Kostspieligkeit aus seiner Privatschatulle. Bis heute hält sich das Gerücht, Emma sei eine famose Köchin gewesen; allerdings beruht diese Einschätzung auf Kolportage; sie kann sich nicht mehr auf griffige Beweise stützen. Das Rezept für »Seezunge Lady Hamilton« jedenfalls ist nicht von ihr erfunden, sondern wurde ihr gewidmet. Es dürfte von einem Hofkoch der neapolitanischen Königin Maria Carolina ersonnen worden sein, denn Lady Hamilton verkehrte des Öfteren am neapolitanischen Hof. Besagte Seezunge wird à la tradition in einer Weißweinsauce mit Estragon, Kerbel und Petersilie serviert – ein delikates Fischlein für eine Dame, die sich die Richtigen zu angeln verstand.

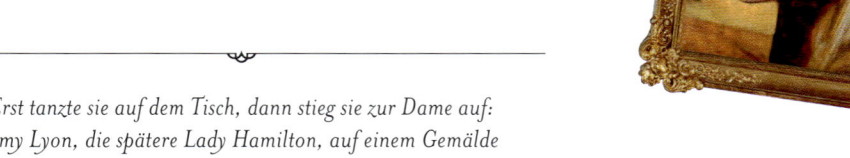

Erst tanzte sie auf dem Tisch, dann stieg sie zur Dame auf:
Amy Lyon, die spätere Lady Hamilton, auf einem Gemälde
von George Romney, 1785.

Seezunge mit Wermut

Ein Rezept von Antoinette Carnet, Köchin und Wirtin der Auberge de la Tour*, Paris

ZUTATEN PRO PORTION

1 frische Seezunge von etwa 1200 g · ¼ l trockener weißer Wermut, z. B. Noilly Prat
100 g Butter · 4 EL fein gehackte, glatte Petersilie · 25 g selbst geriebene Semmelbrösel
4–5 EL Crème fraîche · Meersalz, schwarzer Pfeffer aus der Mühle

Den Fisch ausnehmen. Flossen, Schwanz und Kopf abschneiden, die dunkle Haut abziehen und, falls nötig, die weiße Hautseite schuppen. Anschließend die Seezunge gründlich unter fließendem kaltem Wasser säubern und anschließend trocken tupfen.

In einem großen breiten Bräter oder in einer flachen feuerfesten Form 50 g Butter in Flöckchen verteilen und 3 EL der fein gehackten Petersilie darüberstreuen. Darauf die Seezunge legen, und zwar mit der Hautseite nach oben.

Den Fisch mit der verbliebenen Petersilie, den Semmelbröseln und den restlichen 50 g Butter in Flöckchen bestreuen. Den Wermut drum herum gießen, und den Fisch mit Meersalz und schwarzem Pfeffer würzen.

Im vorgeheizten Ofen bei 200 °C etwa 10 Minuten garen, dabei darauf achten, dass die Flüssigkeit nicht sprudelt.

Den Fisch vorsichtig herausnehmen und auf eine vorgewärmte Platte legen. Den Fond noch etwas aufkochen lassen, die Crème fraîche unterrühren, die Sauce eventuell noch mit Salz und Pfeffer abschmecken und gesondert zum Fisch reichen.

* *Die Auberge de la Tour lag unweit des Eiffelturms. Stammgäste erzählen, Antoinette sei ein wenig rundlich und schüchtern gewesen und habe ihre Gäste wie ihre Freunde behandelt. Jeden Tag kochte sie für sie ein Tagesgericht im Stil der bürgerlich französischen Küche. Bei Antoinette, erinnern sich ihre Gäste, habe das Essen immer »wie bei Muttern« geschmeckt. Leider gibt es die Auberge de la Tour nicht mehr.*

(Das Rezept haben wir dem Buch »Geheimtips aus der französischen Küche« von La Reynière entnommen, das 1977 in Paris und in der deutschen Übersetzung 1978 im Verlag Droemer Knaur erschienen ist.)

2

Die Haute Cuisine war maskulin

Warum in den Küchen bei Hofe meist Männer das Zepter führten

Das Zeitalter der Starköche erlebte seine Morgendämmerung in etwa zu jener Zeit, als man sich an den Kaminen der feudalen Herrensitze zur Untermalung eines Festgelages noch das Lied von Parsifal sang, umspielt vom Klang der Lauten und Schalmeien. Das Hochmittelalter hinterließ uns nicht nur unsterbliche Heldengeschichten, sondern auch die ältesten handschriftlichen Kochrezeptsammlungen der neueren Zeitrechnung (wenn wir einmal von den berühmten »De re coquinaria libri decem« absehen, jenem Rezeptkompendium aus römischer Zeit, das Marcus Gavius Apicius zugeschrieben wird, einem Feinschmecker und Zeitgenossen von Kaiser Tiberius, im 1. Jahrhundert n Chr.). Gut 1200 Jahre nach Apicius entwickelten die Köche an den europäischen Fürstenhöfen erstmals so etwas wie Stolz auf ihre Profession. Sie hielten es für angemessen, ihre Rezepturen nicht mehr nur mündlich weiterzugeben, sondern für die Nachwelt zu dokumentieren. Eine dieser frühen Kochpersönlichkeiten war Guillaume Tirel, genannt Taillevent (um 1310–1395). Von ihm stammt das Kochbuch »Le Viandier«, das uns all jene Speisen und Schaugerichte vor Augen führt, die er als Hofkoch für die französischen Könige bereitete, in deren Diensten er stand. Mit Taillevent tritt uns der Beruf des Kochs erstmals aus dem Dunkel der Bedeutungslosigkeit entgegen. Er nimmt individuelle Gestalt an und bekommt einen Namen. Von nun an werden ihm viele berühmte

folgen: François-Pierre La Varenne (1618–1678), Küchenchef des Marquis d'Uxelles; Antonin Carême (1784–1833), der unter anderem Chefkoch bei Talleyrand war und im Royal Pavilion in Brighton für den englischen Prinzregenten, den späteren König George IV., die schwelgerischsten Festbankette verantwortete; Auguste Escoffier (1846–1935), der vom preußischen Regenten Wilhelm II. den Ehrentitel »Kaiser der Köche und Koch der Kaiser« erhielt und als Kücheneminenz unter Hotelier César Ritz zu Weltruhm kam; schließlich die Granden der Haute Cuisine des 20. Jahrhunderts: Alfred Walterspiel (1883–1961), Paul Bocuse, Eckart Witzigmann … Die Liste ließe sich ohne Schwierigkeiten um weitere klangvolle Namen ergänzen. Sie vereint mit höchsten Orden dekorierte, mit Michelinsternen ausgezeichnete, allseits verehrte Meister ihres Fachs. Kaum je findet sich in diesem Defilee der Kochkünstler der Name einer Köchin. Gleichwohl hat es sie gegeben. Sogar an allerhöchster Stelle. Auch Köchinnen wirkten an jenem Ort, der als Wiege der Haute Cuisine gilt: der Küche der Aristokratie.

Wie kocht man für einen unglücklichen Menschen?

Deren Extravaganzen gerecht zu werden, stellte die Hofköche vor die Pflicht, jeden Tag Höchstleistungen

erbringen zu müssen. Für die k.u.k.-Mundköchin Therese Teufl, die seit 1880 am Wiener Hof tätig war, war es überdies eine Herausforderung der eigenen Art. Ihre oberste Dienstherrin ging als über die Maßen körperfixierte, frischluft- und sportsüchtige, ihrer Zeit emanzipatorisch vorauseilende und in Sachen Protokollzwang entschieden eigenwillige Monarchin in die Geschichte ein. Kaiserin Elisabeth von Österreich (1837–1898) litt an Magersucht und Schwermut und in deren Folge unter anderem an nervösen Magenverstimmungen. Es gab Tage und Wochen, in denen sie nichts anderes zu sich nehmen mochte außer literweise Karlsbader Heilwasser oder frisch gemolkene Kuh-, Schaf- oder Ziegenmilch von den kaiserlich-königlichen Stalltieren sowie zum Frühstück eine sogenannte »Kraft- oder Preßsuppe«. Hierzu musste entweder ein ganzer Ochse zerlegt und tagelang zu doppelter Consommé einreduziert werden, oder aber es wurde jeden Morgen ein frischer Kalbsschlegel mittels einer in Frankreich handgefertigten, mechanischen Entenpresse aus Silber so lange zerdrückt und gequetscht, bis ausreichend blutiger Fleischsaft ausgetreten war. Diesen eiweißhaltigen Cocktail nahm die Kaiserin, akkompagniert von einem Frühstücksei und etwas frisch gepresstem Orangensaft, meist in Hast zu sich. Daraufhin entschwand sie zu ihren Pferden oder begab sich ans

Das Tafeln bei Hofe war ein zeremonieller Akt.
Er diente der Repräsentation, nicht unbedingt der Sättigung.
Heerscharen von Lakaien brachten die Kunstwerke aus der
Hofküche zu Tisch; Kreis um Pietro Longhi, »Das Bankett im
Hause Nani« (Ausschnitt), 1755.

Reck im Turnzimmer der Hofburg. Ihren Gatten Kaiser Franz Joseph I. (1848–1916) brachte dergleichen Askese zur Raserei. Zwar wusste er seine Ungehaltenheit mit der ihm eigenen Wiener Majestätsruhe in Schach zu halten, doch in seinen Briefen an Sisi führte ihm in schöner Regelmäßigkeit dann doch die Sorge und der Unmut über ihre Kapricen die Feder: »… und hoffe nur, daß Du nun endlich Dich hinreichend mit kräftigen Speisen und nicht mit allen möglichen Wässern nähren wirst«, schrieb er ihr am 19. Dezember 1896.

Hingegen wenn Elisabeth sich wohlfühlte und fernab vom Wiener Hof bei Wanderungen und Ausritten ihrem Freiheits- und Bewegungsdrang Raum geben konnte, kam es vor, dass sie Appetit entwickelte. Dann schlug die Stunde der Therese Teufl. Bevor sie der Wiener Hof als »Mundtköchin« in Dienst nahm, hatte sie als Herrschaftsköchin in verschiedenen aristokratischen Häusern reüssiert. Es dürfte ihr entschieden mehr Vergnügen bereitet haben, für Ihre Kaiserliche Majestät hin und wieder ein Wiener Schnitzel braten zu dürfen, Butterkipferln zu backen, einen Biskuitschmarren aus dem Ofen zu holen oder ein subtil parfümiertes Veilchensorbet anzurühren, als sich mit den schrulligen Rezepturen von Sisis Marterkost herumschlagen zu müssen. Nicht, dass Elisabeth die guten Dinge nicht gemocht hätte; sie hatte durchaus ein Faible für die Wiener Mehlspeisenküche, wusste einen Topfenstrudel, ein Veilchengefrorenes, auch einen guten Braten zu schätzen. Sie war indessen hochgradig anfällig für Atmosphärisches; wenn ihr Personen, Anlass, Zeitpunkt zuwiderliefen, verschlug es ihr den Appetit. Für sie zu kochen muss ein bemerkenswertes psychologisches Fingerspitzengefühl und unendlichen Langmut erfordert haben. Therese Teufl konnte sich das Vertrauen der Kaiserin erkochen. Wie sie das geschafft hat? Darüber wissen wir nur wenig.

Selten genug findet sich Konkretes über sie. Und das, obwohl die Geschichte der Wiener Hofköche für das 19. Jahrhundert recht gut dokumentiert ist. Immerhin wird sie in dem über 20 Jahre geführten Tagebuch der Marie Valérie, der Lieblingstochter Elisabeths, an einer Stelle namentlich erwähnt: »… wo uns Therese Teufel ein sehr gutes Diner kochte«. Und auch von Franz Joseph I. ist ein Lob der Teufl überliefert: »Um 1 Uhr war das Diner und was für ein Essen! Theresia Teufel hat sich selbst übertroffen.« Die Teufl stand 30 Jahre in Diensten der Donaumonarchie; erst in der Kinderküche des Kaiserpaares, dann als Mundköchin der Kaiserin, schließlich mitunter auch als Köchin für offizielle »Diners mit Suiten«, das waren Essen für Militärs, für die Kommandantur der Burgwache und für Zivilpersonen; sie fanden im Reichskanzleitrakt der Hofburg statt und bestanden aus mehreren Gängen. Aus unserer Sicht kochte Therese Teufl durchaus an prominenter Stelle. Insofern wirkt es befremdlich, dass sie im Vergleich zu ihren männlichen Kollegen kaum Eingang in die Geschichtsschreibung fand. Überdies wird ihr Name nie einheitlich wiedergegeben; beinahe so, als habe man zu ihren Lebzeiten schon nicht recht gewusst, wie sie eigentlich heiße: Teufl oder Teufel? Therese oder Theresia?

Josef Cachée, der bis 1938 als Staatsbeamter den ehemaligen Hofkeller der Hofburg verwaltete, gibt in seinem Buch »Die Hofküche des Kaisers« einen Blick hinter die Kulissen frei. Die Biografien der männlichen Köche der Donaumonarchie werden darin ausführlich gewürdigt. Wir sehen Fotografien von Hofkö-

chen mit Kochhaube, von Oberstküchenmeistern in Beamtenuniform mit Degen, von Hoftafelinspekteuren im Gehrock – die Brust mit Orden geschmückt. Die Hierarchie der Küchenberufe am Wiener Hof gliederte sich in zahllose Ober-, Unter- und Nebenabteilungen, ähnlich den Divisionen eines Regiments. Die Sektionschefs und Weisungsberechtigten trugen den Titel eines Oberstküchenmeisters, Hofwirtschaftsdirektors, Hofwirtschaftsrats, Hofwirtschaftsassistenten, Hofchefkochs oder Hofkochs. Es gab Hofköche 1. und Hofköche 2. Klasse. Und es gab Mundköche und -köchinnen. Alle Leitungsfunktionen lagen in männlicher Hand. Spitzenpositionen wie jene des Oberstküchenmeisters standen laut Cachée überdies nur Männern »von altem Adel« offen; ein weiteres Qualifikationsmerkmal waren der langjährige Dienst bei Kriegsherren, Königen und Erzherzögen, sowie Referenzen aus Frankreich. Der letzte Oberstküchenmeister am Ende der Donaumonarchie war Karl Freiherr von Rumerskirch. Er hatte seine Karriere als Kadett in einer Kavallerieschule begonnen.

Therese Teufls Stellenbeschreibung war die der Mundköchin. Ihr Wirkungsbereich lag nicht in den ballsaalgroßen Küchenräumen im Parterre der Hofburg, sondern in einer bescheidenen, kleinen Separatküche im Wohntrakt Elisabeths. In diesem intimen Umfeld, mit der Aufgabe, hauptsächlich für das leibliche Wohl zweier weiblicher Personen zu sorgen, kam ihr der Status einer Privatköchin abseits der repräsentativen Welt zu. Eine Vertrauensstellung ohne Öffentlichkeitswirksamkeit. Das einzige Foto, das von ihr überliefert ist, zeigt sie in privater Kleidung. Keine Kochhaube, keine weiße Schürze, kein Orden. Wüsste man nicht, dass es die Teufl ist – man würde sie nicht als Köchin identifizieren. Es heißt, bei festlichen Anlässen habe sie, wie ihre männlichen Kollegen auch, die Uniform der Hausoffiziere anlegen müssen: Degen inklusive.

Kochen: Beruf – oder Frauensache?

Bis zur Französischen Revolution und noch das ganze 19. Jahrhundert hindurch definierten sich Köche nicht als Berufsstand mit einer eigenen Identität, die sich in individuellen Symbolen ausdrückt. Köche zählten zum Dienstpersonal. Nur die Prunkentfaltung eines Arbeitsplatzes in der Aristokratie konnte ihnen Ansehen und Respekt verleihen. Umgekehrt waren der Glanz eines fürstlichen Festmahls, das Können eines begabten Kochs, die Delikatesse seiner getrüffelten Pasteten, samtigen Sößchen und mürben Braten vom Wildbret aus höfischer Jagd durchaus dazu angetan, den Ruf eines Potentaten als Mann von Lebensart und genießerischem Esprit zu mehren. Was in der Renaissance in den Palazzi der italienischen Nobilitas begonnen hatte, wurde seit Mitte des 17. Jahrhunderts mit der französischen Elite endgültig stilprägend für die kulinarische Entwicklung Europas: Die höfische Residenz entwickelte sich zur Inspirationsquelle und zum Motor der verfeinerten Lebensart und Gourmandise, kurz: der *haute cuisine*. Hier konnten die Köche aus dem Vollen schöpfen, hier standen ihnen die edelsten Produkte, ausgesuchtesten, seltensten Zutaten, teuersten Kochgeschirre und modernsten Herdtechniken zur Verfügung; hier durften sie experimentieren, die verwegensten Zubereitungen und dekorative Kapriolen ausprobieren und zum Ruhme ihrer Auftraggeber in noch nie dagewesene Kreationen überführen. Zum Dank widmeten die Hofköche ihren Durchlauchten und Exzellenzen manch neuartiges Gericht und tauften es auf den Namen ihres Gönners; etwa die Sauce Béchamel aus Fleischbrühe, Mehl und Milch, für die Pate zu stehen sich der Marquis Louis de Béchamel am Hofe Ludwig XIV. (1638 – 1715) nicht zu schade war.

Ob indessen ein Hofkoch über die Grenzen der Schlossmauern hinaus zu Ehren kommen konnte und

In Reih und Glied

Wie eng der Küchendienst bei Hofe mit der Tradition des Militärdiensts verflochten war, geht aus den Akten des ehedem kaiserlich-königlichen Hofwirtschaftsamts Wien hervor. Dort ist uns aus dem Jahre 1918 – dem Ende der Donaumonarchie – eine Rangordnung des Küchenpersonals in der Wiener Hofburg überliefert. Titel und Stellung der Bedienten geben Aufschluss über deren Verantwortungsbereich und die Wichtigkeit ihres Tuns innerhalb des Dienstgefüges. Die Stellung der Köchin ist vergleichsweise niedrig angesetzt. Zur Erläuterung: »Offizen« ist die altertümliche, eingedeutschte Bezeichnung für französisch *office*, womit verschiedene küchentechnische Verantwortungsbereiche und Anrichteräume gemeint waren. Die Patisserie beispielsweise wurde als eigenes *office* angesehen, ebenso die Bratenküche. Der Titel »Zehrgarden« leitet sich von »verzehren« ab und bezieht sich auf die Vorratshaltung.

»Oberstküchenmeister:
Karl Graf Rumerskirch, k.u.k. Geheimrat, Kämmerer, Oberst a.D.
Hofwirtschaftsdirektor:
Karl Baron von Prileszky de cadem et de genere Divék, Hofrat
Administration des Hofkellers:
Josef von Renglovics, Regierungsrat
[...]
Hofwirtschafts-Offizen:

a) Hof-Zehrgarden:
    1 Materialverwalter
    2 Maschinenputzer
    3 Offizendiener

b) Hofkeller:
    Hofkellermeister Leonhard Wilflinger
    Materialverwahrerin Hilde Motusz de Also Rasztoka
    1 Hofkelleroffiziant 1. Klasse
    2 Hofkelleroffizianten 2. Klasse
    3 Hofkellergehilfen
    5 Offizendiener

c) Hofküche:
    Hofchefkoch Otto Desbalmes
    Hofchefkoch Karl Tlaschek
    5 Hofköche 1. Klasse
    4 Hofköche 2. Klasse
    1 Hofköchin
    4 Bestallungs-Hofköche
    2 provisorische Hofköche
    6 Hofküchenträger
    1 Hofmenageköchin
    1 Hofküchenmagd

d) Hofzuckerbäckerei:
    2 Hofzuckerbäcker 1. Klasse
    2 Hofzuckerbäcker 2. Klasse
    2 Bestallungs-Hofzuckerbäcker«

(Zitiert aus: Josef Cachée, »Die Hofküche des Kaisers«)

die Kunde seines Könnens die feine städtische Gesellschaft ereilen mochte, hing allein vom Wohlwollen seines Dienstherrn ab. War dieser stolz auf seinen Protegé, zögerte er für gewöhnlich nicht, sich dessen Leistungen zu rühmen. Die weiße Tracht des Hofkochs (Kochjacke und Haube) war seit dem Jahr 1549 verbindlich vorgeschrieben, doch galt sie als institutionelle Arbeitsbekleidung, nicht als Ausdruck von Prestige. Das Lob für einen Koch drückte sich in militärischen Auszeichnungen aus – etwa in dem Orden, den er für einen vorzüglichen Fasanenbraten oder eine neue Eisbombenkomposition verliehen bekam. Oder eben in einer Uniform, in die man ihn steckte, wenn es bei Galadiners ans Repräsentieren ging. Weibliche Köche waren noch eine Stufe niedriger angesehen. Man bezeichnete sie oftmals nicht einmal als Köchin: »Frauensperson zum Kochen« oder »Magd« lauteten die gängigen Begriffe für ihr Tun und ihre Stellung: »Köchin oder Magd ist ein über die Küche und Kochwerk bestelltes Gesinde«, heißt es im Leipziger »Frauenzimmer-Lexicon« von 1715. In der Hierarchie eines herrschaftlichen oder bürgerlichen Haushalts standen sie noch unter dem Kindermädchen. Grundsätzlich mussten sich in der ständisch gegliederten Gesellschaft aber auch männliche Köche mit einem vergleichsweise geringen Sozialprestige bescheiden. In vornehmen englischen Häusern beispielsweise unterstand der Koch dem Butler. Gute Köche wurden unter den Herrschaften gehandelt wie Pretiosen – Luxusobjekte, über die sich verfügen ließ. Als kurioses Beispiel hierfür erzählt man sich in Wien die Schnurre über einen der Mundköche Kaiser Franz Josephs I., den Ungarn Perski. Dieser soll als eine Art Sondertransport an den Wiener Hof gekommen sein. Man habe ihn der kaiserlichen Hoheit als Geschenk eines befreundeten Grafen zugestellt – verpackt in einen mannsgroßen Postkoffer. Der Hofklatsch wusste zu berichten, nach dem Aus-

packen hätten sich Seine Majestät wie auch der nach Luft schnappende Perski über diesen Scherz königlich amüsiert.

Die Pointe dieses Juxes bestand darin, dass er seinem Charakter nach bei der Uraufführung bereits ein Zitat war. In der Perski-Ära machte sich allmählich ein Imagewandel des Kochberufs bemerkbar. Der Jahrhunderte während Kampf der Köche um eine gesellschaftliche Würdigung ihrer Talente zeitigte erste Erfolge. In Kennerkreisen ging man mehr und mehr dazu über, in einem guten Koch nicht mehr nur den *artisan* – den Handwerker – zu sehen, sondern den *artist*. Es hatte viele Generationen gedauert, bis man in der europäischen Gesellschaft das Kochen als eigenständige Profession gelten ließ. Jedoch: Einen Koch als Künstlerpersönlichkeit anzuerkennen, zu der man als Gast angepilgert kommt und deren Genius man sich zu Füßen wirft, das war selbst Ende des 19. Jahrhunderts noch keine Selbstverständlichkeit. Auguste Escoffier, der bereits zu Lebzeiten eine Berühmtheit war, schrieb noch im Jahre 1920, in der ersten Ausgabe der Fachzeitschrift *Revue culinaire*: » ... die Köche [führen] kein Leben wie die Arbeiter in anderen Teilen des Gesellschaftskörpers. Diese abseitige Stellung, die den Großteil ihrer Existenz prägt, macht sich sicherlich nicht vorteilhaft bemerkbar.

Die Öffentlichkeit kennt lediglich die Berufsbezeichnung ›Koch‹, die sie allzuoft aus Spottlust, aus Scherzhaftigkeit, vor allem aber aus Unkenntnis der Lächerlichkeit preisgibt.«

Anders als den Bäckern und Metzgern, hatte man den kochenden Verpflegungsberufen seit der Frühen Neuzeit allerlei amtliche Hürden in den Weg gestellt, die verhinderten, dass sie sich zu einem klar definierten Berufsstand mit eigenen Rechten zusammenschließen konnten. Insonderheit die Zunft der Metzger tat sich darin hervor, den mit ihnen konkurrierenden Kochhandwerken die kreative Berufsausübung zu versalzen. Es konnte durchaus vorkommen, dass etwa einem Gänsekoch – sei es aus einer schöpferischen Laune heraus, sei es aus Geschäftstüchtigkeit – der Sinn danach stand, aus übrig gebliebenem Gänsefleisch, vermischt mit etwas geschrotetem Hafer oder Gerste, eine neue Art von Grützwurst herzustellen. Prompt rief das die Zunft der Wurstmacher auf den Plan. Man zerrte den Bösewicht vor den Kadi, zettelte einen Prozess an und stritt aufs Heftigste. Dergleichen Kompetenzgerangel war die ganze Frühe Neuzeit hindurch in allen Ländern an der Tagesordnung. Im Endeffekt führte das zu einem Katalog an Restriktionen für die verschiedenen kochenden Berufe und zu einem Wirrwarr an Verpflegungshandwerken in Europas Städten – mit aberwitzigen Spezialisierungen: Da gab es die Pastetenbäcker (Patissiers), die sich zumindest in Frankreich schon früh zu einer Zunft zusammenschließen konnten, jedoch bei Strafe nichts außer Fleisch-, Fisch- und Käsepasteten herstellen durften; da gab es die Wurst- und Garköche, die »Aufseher für totes Schweinefleisch, Schinken und Fett«, die Gänseköche, die Bratenköche, die Saucenköche, die Geflügelhändler, die auch warme Geflügelragouts verkaufen durften – aber nur diese und nicht etwa solche aus Schweinefleisch. Und es gab ab etwa 1750 in Frankreich die ersten *restaurateurs*. Sie durften ausschließlich *restaurants* herstellen. Es handelte sich hierbei um eine stärkende Fleischkraftbrühe, die man in Frankreich *restaurant* nannte. Sie war das Ursprungsgericht unserer modernen Restaurantkultur.

War es für die männlichen Köche schon schwer genug, sich in dem Konkurrenzkampf der Zunfthandwerke Respekt zu verschaffen, so setzten sie alles daran, wenigstens die Frauen auf Abstand zu halten. Berühmt sind die Bemühungen der Schneiderzünfte, Schneiderinnen als Pfuscherinnen zu verunglimpfen

und ihnen den Zugang zur Zunft abzuschneiden. Das Ringen der Köche um ein Gewerbemonopol, um eine geregelte Ausbildung (vom Lehrling über den Gesellen zum Meister) und um die Zulassung zur Arbeitsgerichtsbarkeit war ein rein männliches Unterfangen, auch deshalb, weil es als unhinterfragt gottgegeben empfunden wurde, dass die Frau als Magd doch eigentlich am heimischen Herd ganz gut aufgehoben sei. Wozu sollte sie da eigener Rechte bedürfen? Es dauerte noch bis Mitte des 19. Jahrhunderts, bis in Paris die ersten größeren Solidarvereinigungen von Köchen entstanden, sie waren eine Mischung aus Gewerkschaften, Berufs- und Versorgungsverbänden – und reine Herrenclubs. Gleichwohl wollte die Obrigkeit noch 1885 in Paris einem selbstständigen Koch nicht das Recht zubilligen, sich in strittigen Fragen an ein Arbeitsgericht wenden zu dürfen. Die Begründung? Das Gesetz erachtete das Kochen grundsätzlich nicht als Beruf, der unter das Arbeitsrecht fällt, sondern als häuslichen Alltagsdienst, der hauptsächlich von Frauen ausgeübt wird.

In dieser Hinsicht besonders ungerecht beleumundet fühlten sich nach wie vor jene Köche, die in privaten Diensten standen. Im Vergleich zu ihren frei-schaffenden Kollegen, die sich als Patrons ihrer Restaurants stolz in der Öffentlichkeit bewegen und die Huldigungen der eleganten Welt entgegennehmen, galten die in Diensten stehenden Köche als Hausangestellte und wurden als solcherart effeminierte Exemplare von der Sozialgesetzgebung am wenigsten ernst genommen. Welche Reaktionen eine solche Dauerdemütigung hervorzurufen vermag, kann man sich unschwer vorstellen: Köche in privaten Diensten benahmen sich wie Snobs. Sie gaben sich die größte Mühe, sich über ihre kochenden Kolleginnen zu erheben: »Daher mag sich auch die Mehrheit der Köchinnen tunlichst aus unseren Arbeiten heraushalten, die für ihren Frauenkörper zu anstrengend sind und die sie – ich möchte fast sagen – schlecht zu imitieren im Stande sind«, urteilte der französische Koch Philéas Gilbert 1883 in der Zeitschrift *L'art culinaire*. Goutiert haben mochten die Köche vermutlich auch das Geschmacksurteil des »Baierischen National-Kochbuchs« von 1824, in dem es eben hieß, in einer von Frauen geführten Küche sehe es aus »wie in einem Waschhaus« – es fanden sich zu jener Zeit eine Handvoll Lexikonschreiber und Gastrosophen, die dieses Menetekel in ihren gelehrten Abhandlungen fortschrieben.

Cabinet-Pouding

Therese Teufls Rezept für Biskuitpudding Ihrer Majestät Kaiserin Elisabeth

70 g Butter werden weich gerührt,

dazu kommen 70 g Zucker, 6 Dotter, 4 Eischnee,

90 g in Würfel geschnittene Biskuits,
mit etwas Milch angefeuchtet, 30 g Mehl.

Man begießt den Pudding mit einer Chaudau (Weinschaumsauce – Zabaglione),
nachdem er langsam ¾ Stunden gekocht hat.

*Josef Cachée, der unter anderem den Weinkeller der Wiener Hofburg verwaltete
und nach dem Zweiten Weltkrieg die Wiedererrichtung der Kaiserappartements
in der Wiener Hofburg mitverantwortete, hat dieses Rezept überliefert.
Er kommentierte es mit der Bemerkung, es habe »dem kalorienarmen und
minimalen Essen Ihrer Majestät« entsprochen.*

3

Eine Köchin wie aus dem Märchen

Philippine Welser (1527 – 1580)

Sie dürfte so etwas wie eine Lady Diana der deutschen Renaissance gewesen sein: Eine Schönheit noch in der Blüte ihres Lebens, ein blonder Engel mit großem Herzen für die Not der kleinen Leute, den Bittgesuchen Hilfsbedürftiger und Kranker verschloss sie sich nie, das Volk liebte sie dafür. Doch die Gerüchteküche um sie herum wollte zeit ihres Lebens nicht verstummen. Mit ihrem Tode wurde sie endgültig zu einem Mythos: Philippine Welserin – Rose von Tirol.

Philippine Welsers Wirken wird bis heute verklärt. Auch, weil sie der Nachwelt einige Rätsel und ungelöste Fragen hinterließ. Das größte Rätsel gibt uns ein kleines, eher unscheinbar wirkendes Büchlein aus ihrem Besitz auf – ein Kochbuch. Anders als die Tragödin Diana Spencer war Philippine Welser die Hauptdarstellerin in einer Lebensgeschichte mit Happy End. Augenscheinlich führte sie das Leben einer Märchenprinzessin, ganz so, als hätten »Aschenbrödel«, »Tischlein deck dich« und »Goldesel« Pate gestanden: Bürgerliches Mädchen trifft gut aussehenden Edelmann; der entpuppt sich als Traumprinz, führt sie zum Altar und in sein Schloss und lebt mit ihr in Saus und Braus, bis dass der Tod sie scheidet. Philippine Welser entstammte einer jahrhundertealten patrizischen Unternehmerdynastie. Die Augsburger Kaufmannsfamilie Welser war mit Silberbergbau und Gewürzhandel zu Vermögen und Einfluss gekommen. Wie so viele Dynastien konnte aber auch diese Familie ihrem Buddenbrook-Schicksal nicht entgehen: Ausgerechnet Philippines Vater Franz, ein Welser der x-ten Generation und berüchtigter Filou, brachte das Familienerbe eher dahin, als es zu mehren; da er für sie kaum eine standesgemäße Mitgift aufbieten konnte, galt Philippine als pekuniär unattraktive Partie. Und so war die junge Frau – makellose Gesichtszüge hin oder her – mit 29 Jahren noch ledig, zählte zu den späten Mädchen und hatte die besten Aussichten, dereinst als alte Jungfer vor ihren Herrgott treten zu müssen. Und so wäre es wohl auch gekommen, wäre nicht der *coup de foudre* in ihr Leben gefahren: Im Jahre 1556 besucht Philippine ihre Tante Katharina auf einem Schloss in Böhmen. Erzherzog Ferdinand II. (1529 – 1594), Statthalter von Böhmen und zweitgeborener Sohn des späteren Habsburger Kaisers Ferdinand I., ist ebenfalls zu Gast. Philippine kommt, sieht, siegt: Es ist Liebe auf den ersten Blick; Verlobung, heimliche Trauung, alles geht ganz schnell. Dabei wollte Ferdinand niemals heiraten; noch jede blaublütige Kandidatin, die ihm sein Vater ans Herz gelegt hatte, war von ihm verschmäht worden. Ausgerechnet die bürgerliche Philippine, die sollte es nun aber sein. Für sie nimmt Ferdinand sogar den Zorn seines Vaters in Kauf und auch dessen Verdikt, diese Ehe müsse unter allen Umständen geheim bleiben. Als Ferdinand Landesfürst von Tirol wird, schenkt er Philippine das Schloss Ambras südlich von Innsbruck; er selbst lebt offiziell weiterhin in der Innsbrucker Hofburg. Ambras wird unter Ferdinands Regie zu einer Renaissance-Hochburg ausgebaut, deren Wohlgestaltetheit weit über die Grenzen hinaus Neugierde weckt. Er macht daraus ein fürstliches Prachtdomizil hier am Fuße der Tiroler Gletscher, umgeben von Karpfenteichen und Forellenbassins, von Wildbächen, Obst- und Kräutergärten und den Jagdgründen der Gebirgswelt, wird Philippine fürderhin tun, was die Nachwelt so gerne in ihr sehen mochte: als Köchin brillieren und ein Rezeptbuch zurate ziehen, das als das frühest erhaltene, von einer Frau geschriebene Kochbuch in die Geschichtsschreibung einging.

Das Kochbuch, das kein Kochbuch war

Das Merkwürdige ist nur: Dieses berühmte »Kochbuch der Philippine Welser«, wie es unter Historikern bezeichnet wird, stammt, wie wir heute wissen, nicht aus ihrer Feder. Und ob sie es je benutzt hat, ist ebenfalls anzuzweifeln. Gebrauchsspuren jedenfalls weist es keine auf. Gleichwohl steht immer wieder zu lesen,

die Rezepte stammten von ihr, ja, sie habe sogar aus diesem Buche gekocht. Vielleicht möchte man in dem Buch etwas Ähnliches sehen wie in einer Reliquie. Ein anrührend profanes Ding, ein Stück greifbarer Lebensalltag eines Menschen, den die Aura des Besonderen umgibt. Was mochte das wohl für eine Frau gewesen sein, die den Sohn eines Kaisers dazu gebracht hatte, für sie die ehernen Gesetze einer Herrscherdynastie in den Wind zu schlagen? Warum ist ausgerechnet von einer solchen Frau ein Kochbuch überliefert? Eines, das offensichtlich für den privaten Gebrauch bestimmt war; ein Buch, dessen Rezepte auf einen bürgerlichen Hintergrund schließen lassen, nicht aber auf ein höfisches Umfeld?

Das Kochbuch gehört heute zum Inventar des Kunsthistorischen Museums Wien. Es reihen sich darin Rezepturen an Rezepturen, in sorgfältiger, fast nüchtern wirkender Kanzleischrift. Verspielte Initialen oder sonst welcher kalligrafische Zierrat, wie man ihn von den Folianten mittelalterlicher Fürstensammlungen her kennt, sind kaum vorhanden. Im 19. Jahrhundert hatte man die ursprünglich lose Blattsammlung in Leder gebunden; nun liegt sie, als eher unauffällig wirkendes Dokument, in einer Vitrine in einem Raum, der im 19. Jahrhundert auf Schloss Ambras zur Küche umgebaut wurde.

Das Interesse, das man Philippines Kochbuch entgegenbrachte, dürfte sich wohl auch aus dem Bedürfnis genährt haben, das märchenhafte Schicksal dieser Frau ein wenig irdischer erscheinen zu lassen. Die Vorstellung, sie habe sich als Landesmutter und Fürstengemahlin eine Küchenschürze umgebunden und inmitten ihrer Hunderten von Bedienten – die sie auf Ambras nachweislich hatte – selbst in der Küche mit Hand angelegt, sie habe im Schweiße ihres Angesichts Pastetenteige geknetet und Wildschweinebraten mit Bratenfett beträufelt, ist durchaus nicht ohne

unterhaltsamen Reiz. Philippine und Ferdinand waren beim Volk unter anderem auch deshalb so beliebt, weil sie dem Stadtgetuschel auf dem Marktplatz reichlich Nahrung boten. Regelmäßig gaben sie Anlass zu den buntesten Geschichten. Sie galten als ausgewiesene Schlemmer und fantasievolle, großzügige Gastgeber. Sie ließen keinen Handelsweg ungenutzt, kein Transportmittel ihrer Zeit unversucht, um das Kunststück fertigzubringen, auf ihrer Tiroler Residenz, inmitten der rauen Alpenwelt, so rare Köstlichkeiten wie Austern und Krustentiere, holländische Käselaibe, Spargel und Zitrusfrüchte auffahren zu lassen.

Aus ihrem Besitz sind noch zwei weitere Bücher erhalten: ein Gebetbuch sowie das sogenannte »Arzneimittelbuch der Philippine Welser«. Es wurde nachweislich von ihrer Mutter Anna verfasst und von Philippine rege konsultiert. Es enthält Rezepturen für Tinkturen und Balsame, Salben und Tränke: gegen Wochenbettfieber, Krämpfe und Winde, Siechtum und Fallsucht, Gicht und Gebrechen. Zu Philippines Zeiten kam es oft genug vor, dass heilkundige Frauen der Hexerei bezichtigt wurden. Da musste gar nicht viel zusammenkommen: Meist brauchte es nur eine Intrige unter Nachbarn oder eine von Aberglauben und Inquisition angestachelte Dorfmeute – schon war die böse Hexe ausgemacht. Als Philippine ihre Tinkturen mischte, stand sie unter dem Schutz und Schirm ihres Gatten, des Kaisersohnes.

Das Kochbuch bekam Philippine von ihrer Mutter Anna geschenkt. Sie hatte es in einem Schreibbüro in Auftrag gegeben; es sollte Teil der Mitgift ihrer Tochter sein. Möchte man den Lebensumständen Philippines auf die Spur kommen, hilft es, sich die Zutaten genauer anzugucken: Mandeln, Muskatnüsse, Duftrosen und Gewürznelken, Zimt und Zucker waren für die damalige Zeit das, was für die meisten von uns heute ein voller Tresor wäre: Ausdruck von Reichtum. Philippine und ihre Mutter – davon zumindest legen beide Bücher Zeugnis ab – waren im Umgang mit solch sündteuren exotischen Ingredienzien vertraut.

Historisch verbürgt ist, dass Philippine auf Schloss Ambras einen Heilkräutergarten unterhielt, dass sie in Kontakt mit Apothekern und heilkundigen Frauen und Männern aus den umliegenden Dörfern stand. Und dass sie selbst heilkundlich tätig war, zumal für ihre Untertanen im Dorfe Ambras. Zu ihrer Zeit galten Gewürze, aber auch Zucker, als Arznei. Man bekam sie für gewöhnlich nur in der Apotheke. Wer über sie verfügte, hatte den Normalsterblichen etwas nicht Unbedeutendes voraus: Statussymbol, Medizin und luxuriöse Schleckerei in einem. Allein aufgrund ihres gewürzkundlichen Wissens wäre Philippine auch ohne ihren fürstlichen Gemahl eine privilegierte Frau gewesen. Als Gattin eines Landesherrn nutzte sie diese Kenntnisse, um die Nöte der Untertanen zu lindern. Und manch einer geschwächten Frau, die sich im Kindsbette gelegen war und möglicherweise nur mithilfe von Philippines »Kraftwasser mit Muskat« wieder auf die Beine gestellt werden konnte, mochte ihre Genesung dank des Wundermittels wohl auch durchaus märchenhaft vorgekommen sein.

Linke Seite: Schloss Ambras (Tirol), Kupferstich von Matthäus Merian d. Ä., 1649. Oben: Die Kräuter- und Pflanzenheilkunde ist eine der wichtigsten kulturgeschichtlichen Wurzeln der weiblichen Kochkunst.

Ein gar gutes Magenpulver

Rezept aus dem Arzneimittelbuch der Philippine Welser, um 1545

Nehmt überzuckerten Anis, Kümmel überzuckert, Fenchel überzuckert, jedes zwei Lot [1 Lot entspricht 16 g – Anm. der Verf.]; Süßholz, klein geschnitten; eineinhalb Lot Muskatnuß; zwei Lot Ingwer; Galgant, Kalmus, jedes ein Lot; Zimt, zwei Lot. Das alles grob geschnitten und gut untereinandergemischt.

Die gnädige Frau lädt zum Diner

Fürstliche Pracht für den bürgerlichen Tisch

Wenn wir in älteren Kochbüchern blättern, etwa solchen, die wir von unseren Großmüttern geerbt haben, staunen wir oft nicht schlecht. Diese Bücher enthalten meist einen ausführlichen Anhang, der sich der Kunst der Gastfreundschaft widmet. Es werden darin Vorschläge unterbreitet, wie ein vornehmes Essen für Gäste zu geben sei und was anlässlich eines Hochzeitsmahls, festlichen Diners oder Sonntagsessens aufgetischt werden sollte. Daran schließt sich meist eine Auflistung von Menügängen an – neun bis vierzehn in der Regel –, deren Menge und Zusammenstellung uns einigermaßen abenteuerlich vorkommen. In nahezu allen Kochbüchern um 1900 sind diese Vorschläge in etwa die gleichen. Das führt uns zu der Frage: Haben die Leute früher tatsächlich all diese Dinge gegessen? Alle auf einmal, während eines einzigen Essens?

Es ist kaum zu glauben: Sie haben. Das ist für sich genommen schon erstaunlich genug. Doch wird dieser Kraftakt noch von einer wesentlich erstaunlicheren Kulturleistung in den Schatten gestellt. Wie konnte es einer Köchin in einem familiären Haushalt gelingen, alle diese vielen Menügänge mit den einfachen technischen Mitteln der damaligen Zeit zu bewältigen? Selbst wenn ihr ein Küchenmädchen zur Hand ging, erscheint uns dieses Vorhaben heute unvorstellbar. Und nehmen wir nun einmal an, es hätten sich bei uns für morgen Abend zwölf Gäste angekündigt. Nehmen wir ferner an, wir würden für diesen Anlass keinen Partyservice bestellen, sondern selber kochen, und zwar ein Neun-Gänge-Menü. Und nehmen wir drittens an, es käme nun eine dreiste Person des Wegs und nähme uns all die kleinen Helferlein weg, ohne die wir glauben, aufgeschmissen zu sein: Zauberstab und Rührgerät, elektrische Küchenmaschine und elektrisches Schneidemesser, Eismaschine und Mixer. Und auch die Mikrowelle. Und den Thermomix. Und die Tiefkühltruhe. Und natürlich, da sind wir erbarmungslos: sämtliche Fertigprodukte. Stattdessen würde man uns einen Menüplan in die Hand drücken und eine Schürze – »Sie werden sie brauchen!« – und uns mit dem Hinweis entlassen, der Lohndiener sei bereits bestellt und das Serviermädchen ebenfalls, wir bräuchten uns nur noch ums Kochen zu kümmern. Würde uns das nicht ungemein beruhigen? Würden wir nicht umgehend ein paar Baldriankapseln einwerfen, unseren Laptop anschmeißen und in die Chatrooms dieser Welt den Verzweiflungsruf tippen: »Hilfe! Kann mir jemand sagen, wie ich das bis morgen Abend schaffen soll????«

Weibliche Küche: klein, aber oho

Eine Köchin alter Schule bekäme jetzt mit Sicherheit keinen Herzkasperl. Im Gegenteil: Sie käme jetzt so richtig in Fahrt. Sie würde die Ärmel ihres Kleides hochkrempeln, einen Bleistift zur Hand nehmen und die Einkaufsliste schreiben. Alles andere, was sie zum Kochen braucht, hätte sie sowieso parat: Holzlöffel und ordentliche Messer, das Muskelschmalz in ihren Armen und den Stolz ihrer jahrzehntelangen Erfahrung. Frauen wie sie hatte der Schriftsteller Honoré de Balzac (1799–1850) als »Carêmes in Röcken« bezeichnet. Sie würde also für morgen Abend kochen:

Austernsuppe
Geröstete Schnittchen mit Kaviar
Warme Pastetchen von Tauben mit Krebsschwänzen und Kalbsbries
Farcierter Hecht mit Kapernsauce
Schnepfen mit allerlei feinen Früchten zusammen eingemacht
Flammender Plumpudding mit Arrak
Rehbraten mit Mixed Pickles
Apfelsinenkörbchen mit Gelee gefüllt
Mandeltorte

Menüvorschläge dieser Art finden sich beispielsweise in dem berühmten Kochbuch der Henriette Davidis (1801–1876), auch noch in späteren Ausgaben Anfang des 20. Jahrhunderts. Solch eine kulinarische Galavorstellung erforderte Unerschrockenheit und die Kondition eines Langstreckenläufers. Zugegeben: Früher kalkulierte man für so ein Menü in der Regel ein bis zwei Wochen Vorbereitungszeit ein. Oft musste das Wildbret erst noch beim Jäger bestellt werden und einige Tage abhängen; der Fischhändler musste instruiert, das Geflügel gerupft werden. Zwei Tage

vorher ging es dann aber richtig los. Zunächst wurde die Grundlage aller Saucen hergestellt, die sogenannte »Coulis«: Eine zeitraubende Angelegenheit, wie Madame Davidis unumwunden zugab: Erst wurde eine Kraftbrühe aus Fleisch und Wurzelgemüse gezogen. Dann briet man Schinken- und Kalbfleischwürfel nebst Zwiebeln, Schalotten und weiterem Wurzelgemüse an, gab Butter dazu und Mehl, goss mit der Kraftbrühe auf, würzte mit Pfeffer, Nelken, Kapern, Zitronenschale und Kräutern, ließ alles eindicken und strich es durch ein Sieb. Das war die Saucenbasis, die man mit süßem Rahm, saurer Sahne, Bouillon und Gewürzen zu verschiedenartigen Sößchen für Pasteten und Braten weiterverarbeiten konnte. Anschließend machte sich unsere Köchin daran, aus sechs Pfund Rindfleisch eine weitere Kraftbrühe für die Austernsuppe zu bereiten. Die Austern (man ging von rund 50 Stück für zwölf Personen aus) mussten aus den Schalen gestochen werden, das Austernwasser und die Austernbärte wurden zu würzigem Sud verkö-

chelt. Der Hecht musste ausgenommen und gefüllt werden, dazu bereitete man eine Farce aus seinem Fleisch mit Zwiebackbröseln und Eiern (die Brösel waren selbst gerieben); der Blätterteig für die Pasteten wurde von Hand geknetet, ausgerollt, zusammengelegt, wieder ausgerollt, insgesamt vier Mal, mit Ruhezeit benötigte eine erfahrene Köchin dafür drei Stunden; die Tauben mussten entbeint und gefüllt, die Krebse gekocht und die Krebsschwänze ausgelöst werden, die Schnepfen wurden bardiert, das heißt mit Speckstreifen umwickelt und mit Küchengarn gebunden, die Mixed Pickles waren vor Wochen bereits eingemacht worden, der Rehbraten musste gespickt, die Mandeln für die Torte gebrüht, gehäutet und von Hand gemahlen werden, nicht zu vergessen die Beilagen: Klöße, Nudeln, Brötchen – alles selbst gemacht.

»Eine Köchin kann ganz gewiss die Tafel nie so attraktiv gestalten wie ein männlicher Berufsgenosse. Der Beruf erfordert ermüdende Arbeit, die nur ein Mann zu leisten imstande ist«, schrieb im Jahre 1894 der Herausgeber der französischen Fachzeitschrift für Köche *L'art culinaire*, Maurice Dancourt, genannt Châtillon-Plessis. Nur ein Jahr zuvor war in der gleichen Zeitschrift darüber debattiert worden, wie die Profession des weiblichen und des männlichen Kochs nun eigentlich grundsätzlich zu beurteilen sei. Es ging um die Frage, ob man Frauen in die Vereinigung der Berufsköche aufnehmen solle oder nicht. Nach langem Hin und Her kam man zu dem Schluss, dass die weibliche Küche ihre Verdienste habe, als Gegenpol zur Haute Cuisine in der öffentlichen Welt der Restaurants, eleganten Hotels und Haushaltungen bedeutender Persönlichkeiten gebühre ihr als *petite cuisine* – kleine Küche im Familien-

haushalt – durchaus der Respekt aller Freunde guter Hausmannskost. Mit diesem Lob ließ man es dnn aber auch bewenden. In die Vereinigung der Berufsköche wurden die Köchinnen nicht aufgenommen.

Warum neun Gänge?

In vielen Lebensbeschreibungen aus dem 19. und frühen 20. Jahrhundert finden sich Anekdoten über Köchinnen bürgerlicher Haushalte, deren Petite Cuisine bei den Freunden des Hauses die tiefe Sehnsucht nährte, möglichst oft bei der Familie, in der sie in Stellung war, zu Gast zu sein. Die Erzählungen Theodor Fontanes sind eine Fundgrube für Erinnerungen dieser Art; auch Friedrich Torberg hat mit seiner »Tante Jolesch«, dem heiteren Schwanengesang auf die Donaumonarchie, solch einer Perle ein Denkmal gesetzt: »Gleich allen wahren Köchinnen, die ihre Kunst im häuslichen Gehege ausübten, war auch die Tante Jolesch ausschließlich auf die Genußfreude und das Wohlbehagen derer bedacht, denen sie ihre makellos erlesenen Gerichte auftischte.« Köchinnen vom Schlage der Tante Jolesch machten 9- bis 14-Gänge-Menüs für 12 bis 36 Personen, sogenannte Herrendiners, aus dem – zugegebenermaßen: kräftigen – Handgelenk. Zu ihren Zeiten war man es gewohnt, monströs aufzutischen; das brachte Übung mit sich und verschaffte die nötige Muskelkraft. Die beachtliche Menüfolge von neun Gängen hatte das Bürgertum von den Festmählern der Aristokratie übernommen. Jahrhundertelang wurde an Europas Höfen der *service à la française* gepflegt. Demzufolge hatte ein Festmahl grundsätzlich aus mehre-

---

Henriette Davidis' »*Praktisches Kochbuch*« *erschien erstmals im Jahre 1845 in einer Auflage von 1000 Exemplaren.*

ren Gängen zu bestehen und jeder Gang aus mehreren Gerichten; diese wurden pro Gang alle gleichzeitig auf die Tafel gestellt. Mit den Jahrhunderten nahm die Anzahl der Gänge ab und mit ihr auch die Zahl der pro Gang kredenzten Köstlichkeiten. Im 16. Jahrhundert bestand ein fürstliches Hochzeitsessen beispielsweise aus acht Gängen, bei denen insgesamt 300 verschiedene Gerichte aufgetischt wurden. Bei einem katholischen Fastenessen am Hofe des Kardinals von Bologna begnügte man sich in etwa zur gleichen Zeit mit zwölf Speisenfolgen und insgesamt 120 Gerichten – kein Fleisch, nur Fisch! Zu Zeiten Antonin Carêmes hatte man die Sache bereits verschlankt: 50 unterschiedliche Gerichte, verteilt auf mehrere Gänge, galten als vorbildlich. In der Belle Époque regelte Auguste Escoffier diese Konvention erneut. Neun oder 14 Gänge wurden nun zum Maßstab für ein glanzvolles Essen à la mode – pro Gang ein bis zwei Gerichte höchstens. Von der höfischen Sitte, alle Speisen eines Menügangs gleichzeitig aufzutragen, hatte sich zu seiner Zeit noch das scheinbar willkürliche, für unseren Geschmack reichlich skurrile Durcheinander von süßen und salzigen Speisen erhalten. So erklärt sich, weshalb es damals als völlig normal galt, nach dem Fischgang oder den salzigen Entrees (zum Beispiel Pasteten) einen süßen Pudding oder eine Cremespeise einzuschieben und anschließend erst den Braten zu servieren sowie zu den Fleischspeisen generell etwas Süßes zu kredenzen, Kompott oder in Alkohol eingelegte Früchte oder Konfitüren. Das eigentliche Dessert folgte ganz zum Schluss. Es bestand aus Eiscreme, Obst, Brot, Butter und Käse, Kaffee und Konfekt.

Über allem das Aroma von Trüffeln

Diese Menüs alter Schule umweht noch die Poesie des Ancien Régime. Alles musste glitzern damals, die Kaviarperlen wie die Austern, die Kapaune in Aspik wie die mit Jus überglänzten Tournedos Rossini mit ihrem Trüffel- und Gänseleberhäubchen. Jean-Anthèlme Brillat-Savarin (1755 – 1826) karikierte diese Renommiersucht des bürgerlichen Zeitalters aufs Köstlichste. Er amüsierte sich über zu Geld gekommene Herrschaften, bei denen sich die Tische bogen: »Ein siebenpfündiger Kapaun, gefüllt mit Trüffeln von Périgord bis zur völligen Kugelgestalt. Eine ungeheure Straßburger Gänseleberpastete, wie die Vision eines Festungsturms.« Auch in sparsameren Haushalten las sich die Speisekarte eines Gästeessens

wie eine Seite aus dem Gotha; schlichtere Gerichte wurden mit schillernden Namen geadelt: »Mar-
zipantorte à la Smolensky« (mit Rosenwasser), »Reis
à l'Trautmannsdorf« (mit kandierter Angelika), »Riz
à l'impératrice« (mit Maraschino) trugen der Köchin
anerkennendes Zungenschnalzen ein. Diese im Zustande glückseliger Sättigung erteilten Ovationen er-
setzten ihr die Orden, die man ihren Kollegen bei
Hofe anheftete – sowieso konnte es ihr Aufgaben-
spektrum mit dem eines Oberthofmarschalls allemal
aufnehmen. Auf der praktischen Ebene trug sie die
volle Verantwortung für das Gelingen eines solchen
Fests: Einkauf, Tafelzier, Personal – bei einem Gesell-
schaftsessen musste wie bei einem Uhrwerk eins ins
andere greifen. War das Silber poliert? Die Damast-
tischdecke makellos? Das Serviermädchen mit weißen Handschuhen ausgestattet? Die Ähnlichkeit mit
den Utensilien einer Hofsilberkammer ist nicht zufällig. Das Ansehen einer bürgerlichen Familie speiste
sich auch aus dem Talent der Dame des Hauses, Gäste königlich bewirten zu können. Genügsamkeit nach
innen, Großzügigkeit nach außen – das war das Leit-
motiv bürgerlichen Standesdenkens, wenigstens dem
Ideal nach. In diesem Wechselspiel aus Repräsentation und Sparsamkeit fiel der Köchin eine Schlüsselrol-
le zu. Sie musste die Kunst des Haushaltens beherr-

schen. Nichts verschwenden und aus jedem Produkt
das Beste herausholen. Dieses Fingerspitzengefühl
für das Machbare zeichnete eine qualifizierte Köchin
aus. Daraus bezog sie ihren Stolz. Die Köchin Anna
des Komponisten Johann Strauß Sohn (1825–1899)
etwa nahm heftige Dispute mit ihrem Diensttherrn in
Kauf, um dieses Ethos zu verteidigen. Strauß war ein
Geizkragen; jedes Stück Fleisch klopfte er auf dessen
Kosten hin ab. Als er Anna einmal den Befehl erteilte,
für Gäste eine Suppe aus Fleischresten zu kochen,
müpfte sie auf: »Dann wird die Suppe zu schwach.«
Anna war eine Wiener Köchin. Es wäre ihr niemals in
den Sinn gekommen, einen Rat zu befolgen, wie er in
den Jahrhundertwende-Auflagen der Henriette-Davi-
dis-Kochbücher zu lesen stand: Man gebe der Suppe
»durch Maggi-Würze einen pikanten Geschmack«.

*Karikatur von Joseph Keppler aus dem »Puck Magazine«,
um 1905–1908. »Während des Essens richtete Mrs Ponto
eine Menge Fragen an mich, die meine adligen Verwandten
betrafen. Ob Mylord Guttlebury außer seinem französischen
Küchenchef und seinem englischen Bratenwender sich noch
einen Italiener für die Konfitüren hielte? Und ob die
Donnerstagsdejeuners bei Sir Champignon amüsant seien?«
(William Makepeace Thackeray, »The Book of Snobs«, 1848)*

Riz à l'impératrice

ZUTATEN FÜR 6 PERSONEN

Für die Crème Anglaise (für 1 Liter):
¾ l Milch · 1 Vanilleschote · 250 g Zucker · 8 Eigelb

Für den Reis:
125 g Patna-Reis (Langkornreis) · ½ l Milch · 1 Vanilleschote
1 Prise Salz · 30 g Butter · 100 g Zucker
3 EL Aprikosenmarmelade
200 g gemischte kandierte Früchte (Orangeat, Zitronat, Angelika, Kirschen)
4 EL Kirschwasser, Maraschino oder Grand Marnier
½ l Crème Anglaise · 3 Blatt Gelatine · 300 ml Schlagsahne
Mandelöl für die Form

Historiker vermuten, dass dieses Rezept auf Auguste Escoffier zurückgeht.
Es handelt sich hierbei um ein klassisches Rezept der höfischen Küche,
da es Zutaten enthält, die bis ins späte 19. Jahrhundert hinein als traditionell aristokratisch
angesehen wurden: Reis war in der Frühen Neuzeit eine fürstliche Speise gewesen,
und kandierte Früchte waren noch Mitte des 19. Jahrhunderts so kostspielig, dass nur Betuchte
in ihren Genuss kamen. Der Riz à l'impératrice wurde Eugénie de Montijo gewidmet,
Tochter des spanischen Grafen de Montijo und seiner halbschottischen Gemahlin Maria Manuela
Kirkpatrick, und Gemahlin des französischen Kaisers Napoleon III. (1808–1873).
Während der Belle Époque galt dieses Rezept in den am adeligen Lebensstil orientierten,
großbürgerlichen Kreisen als Dernier Cri eines Gästeessens, mit dem die
Hausfrau Eindruck zu schinden erhoffte.

ZUBEREITUNG

Für die Crème Anglaise die Milch zum Kochen bringen, vom Herd nehmen und die der Länge nach halbierte Vanilleschote hinzufügen. Die Milch zehn Minuten zugedeckt ziehen lassen, anschließend die Vanilleschote herausnehmen. Inzwischen in einer Rührschüssel den Zucker und die Eigelbe mit einem Schneebesen so lange rühren, bis die Masse weiß, dicklich und schaumig ist. Anschließend die warme Milch unter ständigem Schlagen langsam unterrühren, bis alles gut durchmischt ist. Die Sauce in den Topf zurückschütten, in dem die Milch erhitzt wurde. Den Topf auf den Herd stellen und auf kleiner Flamme erhitzen. Dabei die Sauce ständig rühren, damit das Eigelb nicht gerinnt. Darauf achten, dass sich am Topfrand nichts absetzt; die Sauce soll gut gebunden und geschmeidig werden – das Rühren kann bis zu 15 Minuten dauern. Anschließend den Topf in eine Schüssel mit Eiswasser stellen und die Sauce weitere 30 Minuten kalt rühren.

Für den Riz à l'impératrice den Reis in einem Sieb unter fließendem kaltem Wasser abbrausen, bis das Wasser unten klar herausläuft. 5 Minuten in kochendem Wasser überbrühen. Durch ein Sieb gießen, mit kaltem Wasser abschrecken und gut abtropfen lassen. Die Milch mit der aufgeschlitzten Vanilleschote aufkochen, vom Herd nehmen und

10 Minuten ziehen lassen. Die Vanilleschote herausnehmen, die Milch mit einer Prise Salz würzen und wieder zum Kochen bringen. Den abgetropften Reis locker einrieseln lassen, die Butter hinzufügen, den Topf mit einem Deckel schließen und in den mäßig heißen Ofen (ca. 100 °C) stellen; darin den Reis 35 Minuten backen, ohne umzurühren. Dann den Reis aus dem Ofen nehmen, mit 60 g Zucker bestreuen und mit einer Gabel vorsichtig lockern. Zum Schluss die Aprikosenmarmelade und 125 g der kandierten, klein geschnittenen und mit dem Alkohol marinierten Früchte untermischen. Abkühlen lassen.

3 Blatt Gelatine in kaltem Wasser einweichen, ausdrücken und unter die Crème Anglaise rühren. Den Topf auf kleinste Flamme stellen und die Mischung lauwarm werden lassen. Den Reis mit der lauwarmen Crème vermengen. Kühl stellen. Sahne mit dem restlichen Zucker steif schlagen. Kurz bevor die Reiscrème beginnt, fest zu werden, die steif geschlagene Sahne unterheben. In eine dünn mit Mandelöl ausgepinselte Form (Kranz- oder Guglhupfform) füllen und über Nacht in den Kühlschrank stellen. Vor dem Servieren auf eine Platte stürzen und mit den übrigen kandierten Früchten dekorieren. Dazu passt eine Fruchtsauce (z. B. Himbeer- oder Johannisbeersauce), die mit Kirschwasser parfümiert wurde.

(Das Rezept haben wir dem Buch »La Cuisine du Marché« von Paul Bocuse entnommen, das 1976 in Paris und in einer deutschen Sonderausgabe 1977 bei Econ erschien.)

Die Herdmacht der Frauen

Kochen im bürgerlichen Zeitalter

Ein Hühnchen zu rupfen

Was eine Köchin vom alten Schlage alles wissen und können musste

Sie war Köchin im Café Anglais gewesen, damals, in Paris, und sie kannte das Geheimnis des Glücks. Sie wusste: Kaum etwas stimmt so zufrieden und froh wie ein gutes Essen unter Freunden. Sie wusste auch, dass jedes wirklich große Fest nicht ohne Aufopferung zu haben ist. Babette Hersant, die Köchin aus dem Café Anglais in Paris, ließ ihr letztes grandioses Festmahl zu einer Feier des Lebens und der Freundschaft werden. Sie opferte dafür nicht nur ihr gesamtes Geld und Gut, sondern vor allem: Tiere. Schönes, stolzes Meeresgetier; zierliche, zartjunge Vögelchen. Das Fest war ihr Dank an ihre zweite Heimat, das protestantische Städtchen Berlevaag in Norwegen, in welchem sie nach ihrer Flucht aus Frankreich Exil gefunden hatte. Als das Fest vorüber und alle Speisen aufgegessen waren, hatten Babettes Opfertiere ihre edle Aufgabe erfüllt: Die Menschen, die von ihrem Fleisch gekostet hatten, waren nicht mehr die gleichen. Etwas in ihnen hatte sich verändert. Aus einem Häuflein genügsamer, in Askese befangener Glaubensbrüder waren Freunde und Genießer geworden. Männer und Frauen, die einander von der Liebe erzählten und sich in den Armen lagen. Vom Wein ein klein wenig melancholisiert und doch auch heiter und zuversichtlich und: mit sich und ihrem Schicksal im Reinen.

Babette hatte Schildkrötensuppe für sie gekocht. Und dann hatte sie ihre berühmten *Cailles en Sarcophage* – »Wachteln im Teigmantel« – gebacken sowie

Blinis Demidoff mit Kaviar vom Beluga-Stör. Gute Küche fängt mit dem guten Produkte an – das war und ist eine Binsenweisheit. Wir lernen diesen Glaubenssatz gerade aufs Neue schätzen. Unser Unbehagen gegenüber industriellen Nahrungsmitteln wächst. Lebensmittelskandale haben uns den Appetit verdorben. Und Vorkämpfer für die Bewahrung traditionell hergestellter Lebensmittel, wie etwa die Leute von Slow Food, versuchen, uns mit dem ursprünglichen Geschmack der Dinge wieder vertraut zu machen. Doch wo genau fängt das gute Produkt an? Diese Frage beantworten wir heute nicht so eindeutig wie früher.

In jener brunnentiefen Vergangenheit, in der noch Traumköchinnen wie Babette zu Werke gingen, war die Sache klar. Da wurden die für das Mahl bestimmten Tiere auf den Wochenmärkten größtenteils lebend feilgeboten. So kamen sie auch in der Küche an: gackernd, schnatternd, mit den Flügeln schlagend, grunzend und quiekend, atmend. Sie verbrachten ihre letzten Tage und Stunden schwimmend in Wasserbottichen oder in einem Koben oder in Geflügelställchen in der Nähe des warmen Herds. Fleisch war kostspielig. 300 Jahre lang, etwa von 1550 bis 1850, wurde es auf dem europäischen Kontinent von Jahrhundert zu Jahrhundert stetig teurer. Unter anderem deshalb, weil unsere Vorfahren mehr und mehr von der Weideviehhaltung auf Getreidewirtschaft umstellten. Die Bevölkerung wuchs, und sie brauchte Brot und Brei. Nur in England gab es im

18. Jahrhundert einen landwirtschaftlichen Umschwung. Die Rinderhaltung wurde dort populär, und man genoss Unmengen von *beef* in guter, erschwinglicher Qualität. Aber auch auf den Britischen Inseln hätte man damals über die Discounterschnäppchen von heute gestaunt. Noch unsere Urgroßeltern gaben 50 bis 80 Prozent ihres Haushaltsgeldes für Nahrungsmittel aus. Das, was uns am Leben hält, hatte damals seinen Preis. Vor allem Frischfleisch war ein Luxusgut. Ohne Konservenfabriken, ohne Kühlschrank und Tiefkühltruhe konnte es nur selten auf den Tisch kommen. Wenn dann die Jagdsaison anbrach oder die Krebssaison im Sommer und wenn ab Herbst die Zeit des Schlachtens herannahte, war das immer ein Fest. Dann musste das Fleisch unverzüglich haltbar gemacht werden, damit es nicht verdarb und man davon in den Wintermonaten zehren konnte. Es wurde zu Blut-, Leber-, Brat- und Mettwürsten veredelt, gepökelt – in Salz eingelegt –, geräuchert oder luftgetrocknet. So entwickelte sich die große Tradition der europäischen Schinken-, Speck-, Wurstoder – im hohen Norden – der Stock- und Klippfischspezialitäten, der geräucherten Sprotten und Salzheringe. Nichts wurde verschwendet. Alle genießbaren Teile eines Tieres wurden verarbeitet. Und auch der Rest kam zu Ehren: Aus Schweineborsten machte man Bürsten, aus Kalbsfüßen Gelatine, aus Kuhhörnern Kämme. Tiere waren keine Wegwerfprodukte.

Die Guten ins Töpfchen

Es war ein Gebot der Tugend und der Wirtschaftlichkeit, sie in sehr guter Qualität einzukaufen. Und da ließen sich Köchinnen, die vom Lande kamen – und das waren im vorindustriellen Europa die allermeisten – kein X für ein U vormachen. Heute würde man sagen, es gehörte zur Stellenbeschreibung einer qualifizierten Köchin unbedingt dazu, dass man ihr den Einkauf anvertrauen konnte. Abgesehen davon, dass solch ein Gang über den Wochenmarkt Gelegenheit für kleinere Flirts und Pläuschchen bot und dass sich die Köchinnen dabei ihr »Körbelgeld« abzwackten, indem sie ihren Lieblingshändlern Rabatte abschwatzten, die sie der Herrschaft verschwiegen, war dieses Ritual Ausdruck einer Kultur der *cuisine du marché*. Man holte ein, was die Jahreszeit gerade hergab, frisch vom Markt. Das erscheint uns heute ultramodern und kommt als »regionale Saisonküche« gerade wieder in der gehobenen Gastronomie zu Ehren. Früher gab es dazu gar keine Alternative. Bis ins 20. Jahrhundert hinein war es in Europa weithin üblich, Lebensmittel als Rohware zu kaufen und zu Hause weiterzuverarbeiten. Kaffee röstete man am heimischen Herd, Fische schuppte

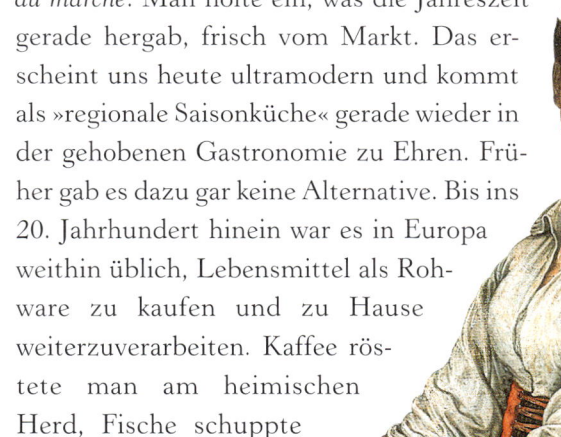

man selbst, Bauchfett vom Schwein ließ man zu Schmalz aus; Gewürze, Salz und Zucker wurden im Mörser zerstoßen, Fleisch wurde, wenn es geschlachtet feilgeboten wurde, nicht selten in Tierhälften, ganzen Köpfen (Kalbskopf, Wildschweinkopf) sowie in Stücken gröberen Zuschnitts verkauft. In Deutschland konnte man handliche Fleischportionen, wie etwa Schnitzel oder Filets, erst gegen Ende des 19. Jahrhunderts allgemein in Metzgereien kaufen. Ehedem musste eine Köchin selbstverständlich etwas vom Schlachten und Metzgern verstehen. Und sie musste gute von mittelmäßiger Ware unterscheiden können. Einer versierten Köchin hätte man kein minderwertiges Fleisch andrehen können: Aus Dichte und Glanz des Federkleids, aus der Dicke der Schwimmhäute und der Festigkeit des Schnabels etwa konnte sie auf Alter und Fleischgüte einer Gans schließen; an den abgenutzten Krallen und der Härte des Brustknochens unterschied sie das Suppenhuhn vom Brathuhn; erfahrene Köchinnen hatten Enten, Rebhühner, Fasane und Hühnchen nach verschiedenen Methoden zu rupfen gelernt – nass oder trocken, je nach Alter und Art –, sie wussten, dass man Truthähne, Kapaune und Gänse mit anderen Handgriffen und Schnitten ausweidet als Wildgeflügel oder Singvögel. Sie standen noch in der Tradition der jährlichen Hausschlachtung und kannten die unterschiedlichen fachmännischen Fleischschnitte für Kalb, Schwein und Rind, sie hatten es bei ihren Müttern und Großmüttern so abgeguckt. Sie wussten, wie man einem Hasen das Fell über die Ohren zieht (teils durch Messerschnitte, teils durch Abziehen mit der Hand) und wie man Tiere so sorgfältig ausnimmt, dass man ihre Innereien nicht verletzt. Wenn Madame sonntags Kalbsnierchen in Senfsauce oder Kutteln in Champagnersauce auf den Mittagstisch brachte, lief Monsieur das Wasser im Munde zusammen.

Auf Messers Schneide

Babette lässt sich die lebendige Meeresschildkröte für ihre Suppe direkt vom Hafen auf einer Schubkarre anliefern. Die Wachtelchen tötet sie durch einen gezielten Schnitt durch die Gurgel und entbeint sie anschließend so geschickt, dass das Gewebe des feinen Fleisches nicht zerstört wird. Freilich: Babette war eine Köchin aus Profession. Aber auch jede andere bürgerliche Hausfrau fand in den Kochratgebern ihrer Zeit detailgetreue Anleitungen für das sachgemäße – und das bedeutete: möglichst schonende Schlachten von Kleintieren. Und trotzdem: Ein nervenstarker Pragmatismus war dazu unbedingt vonnöten. Wer sich den nicht von klein auf angewöhnt hatte, musste ihn sich später, als Hausfrau, mühsam antrainieren. Dieses *learning by doing* indessen war eine unappetitliche Angelegenheit und artete nicht selten in ein blutiges Drama aus. Skrupel, Ungeschicklichkeit und der dringende Wunsch, die Sache so schnell wie nur irgend möglich hinter sich zu bringen, brachten für die Hausfrau wie für das Tier erhebliche Pein mit sich. Erst Mitte des 19. Jahrhunderts finden sich in den Kochbüchern vermehrt Ratschläge, die armen Tiergeschöpfe nicht unnötig zu quälen. Oder es wurde gleich empfohlen, diesen Kampf zwischen Mensch und Tier in die Hände einer erfahrenen Fleischköchin zu legen, die man zu diesem Zwecke eigens anmieten musste.

Auf uns, die wir heute Fleisch und Fisch am liebsten in Filetform mögen, wirken die borstigen Wildschweinköpfe, all die zu Consommé verkochten Schildkröten und die Blutwurstorgien an den Schlachttagen wie die Schilderungen aus dem Alltagsleben der Höhlenfamilie Feuerstein in der Altsteinzeit. Und doch sind die fleischlichen Absonderlichkeiten unserer bildungsbürgerlichen Vorväter nicht zwingend als letzte Zuckungen einer aussterbenden Kultur zu bewerten,

deren Fleischeslust sich noch von einem vorzivilisatorischen Jagdinstinkt nährte. Dass man bis in die Belle Époque hinein die mittelalterliche Gewohnheit pflegte, Fasane, Rebhühner und Wachtelchen zusammen mit ihrem gefiederten Köpfchen zu servieren, oder dass man nichts dabei fand, ein vornehmes Salon-Buffet mit einem mit Zuckerguss verzierten, gerösteten Spanferkel zu krönen, muss man nicht unbedingt als Ausdruck von Geschmacklosigkeit oder Rohheit interpretieren; es lässt sich darin auch eine Geste des Respekts erkennen. Lange genug waren diese Tiere ausschließlich den fürstlichen Tafeln vorbehalten gewesen; das umgab sie in der kollektiven Wahrnehmung mit einer königlichen Aura und wies sie einer dem Alltäglichen enthobenen, quasigöttlichen Sphäre zu. In dieser Tradition stehend, hätte man es als Frevel empfunden, sie im Zustande der Veredelung ihrer wesenseigenen Ästhetik zu berauben.

Ebenfalls galt die Schildkrötensuppe zu Zeiten ihrer Beliebtheit nicht als Überspanntheit einer dekadenten Genießerklientel. Zwar war sie ein Zeichen für die Eroberungslust des modernen Menschen, ein Beweis dafür, dass sich die Seemächte Europas seit dem 16. Jahrhundert die Weltmeere untertan gemacht hatten. Aber sie war auch aus der Not geboren. Die Suppenschildkröte, ihres braungrünen Panzers wegen auch »Grüne Meeresschildkröte« genannt, kommt unter anderem im Südatlantik, im Pazifik und im Indischen Ozean vor. Sie wurde von den Engländern als Schiffsproviant entdeckt, mit dem sich die Hungerstrecken während der wochenlangen Ozeanquerungen zu den indischen Kolonien lindern ließen. Das britische Empire hatte im Jahre 1600 die Ostindische Kompanie gegründet, eine Handelsflotte, die den Seehandel weltweit dominierte und den englischen Einfluss in Indien ausbauen half. Eines der berühmtesten Rezepte für Schildkrötensuppe war zu Ehren der englischen Vizekönigin von Indien erdacht wor-

Köstlicher »Kompost«

Milchsauer vergorenes Gemüse zählt zu den ältesten Spezialitäten der Menschheitsküche. Viele Kulturen kennen Rezepte dafür. Bevor das Zeitalter der Dosen- und Tiefkühlkost anbrach, bot diese Art der Konservierung die einzige Möglichkeit, auch im Winter vitaminreiches Gemüse zur Verfügung zu haben - Sauerkraut beispielsweise ist reich an Vitamin C. Obwohl unsere Vorfahren nicht mit wissenschaftlichen Methoden erklären konnten, weshalb sich bestimmte Gemüsesorten durch Gärungsprozesse konservieren lassen und dabei wohlschmeckend und nährstoffreich bleiben, haben sie instinktiv das Richtige getan: Wir wissen heute, dass auf den Blättern mancher Kohlsorten, aber auch auf Rüben oder Gurken Milchsäurebakterien und Hefepilze siedeln, die sich kulinarisch nutzbar machen lassen. Die Methode, Gemüse milchsauer zu vergären, kannte man in Europa bereits im Mittelalter. Dabei wurden oft verschiedene Gemüsesorten gemeinsam eingelegt. Der Name dieser Mischung lautete *Kumpost*, von lateinisch *compositum* - »zusammengelegt«. Das berühmteste Beispiel für milchsauer eingelegtes Gemüse ist das Sauerkraut. Dazu wurden die Krautköpfe ohne Strunk fein gehobelt, mit Salz fest in ein Fass geschichtet, mit kaltem Wasser aufgefüllt und mit einem sauberen Leintuch, einem Holzbrett und einem Stein beschwert, damit das Kraut während der Gärung nicht nach oben trieb.

den, Lady Mary Curzon, Baroness Curzon of Kedleston (1870–1906); diese Suppe wurde mit Sherry und indischem Curry gewürzt. Sie galt bis zum Ersten Weltkrieg als Gipfel an Vornehmheit, was letztlich nur eine Fortsetzung der höfischen Tradition des Barockzeitalters war, in welchem das exotische Tier als ein direkter Abkomme aus dem fernen Paradies angesehen und verehrt wurde. Damals verarbeitete man das Reptil anlässlich festlicher Gelage zu Frikassee oder steckte es in Pastetenteig, den man nach dem Backen mit Blattgold überzog. Erst 1988 wurde der Handel mit Grünen Meeresschildkröten weltweit verboten. Seit diesem Datum unterliegt das vom Aussterben bedrohte Tier dem Washingtoner Artenschutzabkommen.

Die Schatzmeisterin

Aber längst nicht nur tierische Exoten, auch die scheinbar schlichteren Gaben der Natur wurden wie Kostbarkeiten behandelt. Die Schatzkammer, in der man sie aufbewahrte, hieß Speisekammer oder Vorratskeller. Lebensmittel wurden bis in die erste Hälfte des 20. Jahrhunderts vielerorts noch nicht ganzjährig in Containern gehandelt – schockgefrostet, tiefgefroren oder gefriergetrocknet. Man war angewiesen auf die Ernte vor Ort. Fiel diese gut aus, lagen die Früchte der Saison in Hülle und Fülle auf den Marktständen bereit oder gemahnten vor der eigenen Haustüre, im Garten, in ihrer voll ausgereiften Pracht daran, abgeerntet zu werden. Dann musste rasch gehandelt werden, wollte man der Verderbnis von Kräutern, Beeren, Obst und Feldfrüchten zuvorkommen. Baum- und Strauchfrüchte wurden entsteint und zu Mus, Marmelade und

Kompott eingekocht. Trauben, Äpfel und Birnen wurden in der Sonne oder im Backofen gedörrt, Gurken und Bohnen in Essig konserviert, Rüben in Sand eingelagert, Sirup und Fruchtsäfte gekocht, Most gekeltert.

Jeder Haushalt war ein kleines Wirtschaftsunternehmen, in dem selbst produziert wurde, was man zum Leben brauchte. Im vorelektrischen Zeitalter zogen Hausfrauen aus Wachs sogar die Kerzen selbst. Auch das Sieden von Seife war Teil ihres Know-hows. Die gut gefüllte Speisekammer war der Stolz jeder Hausfrau und Köchin. Sie war der Garant für das Überleben der Familie. Als es noch keine Rundumversorgung durch Supermärkte gab und sich kein verdorbenes Lebensmittel einfach so ersetzen ließ, entsprach die Verantwortung für Speise- und Vorratskammer der Controlling-Abteilung eines Unternehmens. Wenn eine Hausfrau ihrer Köchin den Schlüssel zum Vorratskeller überließ, war dies ein großer Vertrauensbeweis. Regelmäßig musste dort das Eingelagerte auf Schimmel, unerwünschte Gärungsprozesse oder Fäulnis überprüft werden; jedes ungenießbar gewordene Lebensmittel kam einer kleineren Katastrophe gleich. Deshalb mussten Hausfrauen lernen, die unterschiedlichen Klimazonen ihres Kellerraumes, die Techniken zur Haltbarmachung und die verschiedenen Stadien der Gärungs- und Reifeprozesse umsichtig zu nutzen; sie verfügten über praktische Grundkenntnisse in Lebensmittelchemie – reines Erfahrungswissen. Die Arbeit einer Köchin und Hausfrau war die einer Hauswirtschafterin, einer Managerin mit Multitasking-Qualitäten. Und die Küche war ihr Kompetenzzentrum.

❧

»Und ein Entzücken, ein Entzücken für die Engel.
Babette kann kochen.« (Tania Blixen, »Babettes Fest«,
1958); Stéphane Audran als Babette in dem Film
»Babettes Fest« von Gabriel Axel, Dänemark 1987.

Cailles en Sarcophage
(Wachteln im Sarkophag)

Ein Rezept nach der Novelle »Babettes Fest« von Tania Blixen

ZUTATEN FÜR 8 PERSONEN

8 Wachteln · 500 g Blätterteig · 1 Eigelb · 2 EL Wasser · Meersalz, schwarzer Pfeffer aus der Mühle
7 EL Cognac · 75 g fein gehackte, frische Wintertrüffeln · 250 g Gänsestopfleber
5 EL Süßrahmbutter · 3 fein gehackte Schalotten · 1 Tasse trockener Weißwein (z. B. Weißer Burgunder)
4 Tassen Geflügelfond · 2 TL Kartoffelstärke · 2 TL Weißwein · 8 Champignons · 1 TL Erdnussöl

Die Wachteln entbeinen (bis auf die Keulen und die Flügel), die Brustknochen aufheben. Den Ofen auf 200 °C vorheizen. Ein Backblech mit Backpapier belegen. Den Blätterteig auf einem mit Mehl bestäubten Nudelbrett 6 mm dick ausrollen und jeweils 8 Ovale von 13 cm Länge und 10 cm Breite ausstechen. Auf das Backblech legen und mit einer Gabel einstechen. Das Eigelb mit den 2 EL Wasser verquirlen und damit die Blätterteigovale bestreichen. Anschließend die Blätterteigscheiben im Ofen ca. 10 Minuten backen – sie sollen zart goldgelb und schön aufgegangen sein. Aus dem Ofen nehmen und auskühlen lassen. Dann mithilfe eines kleinen Messers und eines Teelöffels jedes Oval so aushöhlen, dass der Rand und der Boden ganz bleiben.

Die Wachteln waschen, sorgfältig trocken tupfen, innen und außen mit Salz und Pfeffer und etwas Cognac würzen und mit einem Teil der fein gehackten Trüffeln füllen. Die restlichen Trüffeln in 1 EL Cognac marinieren. Die Wachteln zusammenlegen und mit je einem Zahnstocher schließen. Kühl stellen.

Die Gänsestopfleber in 8 Scheiben schneiden und je 1 Scheibe auf den Boden der Blätterteigovale legen. Die gefüllten Blätterteigovale kühl stellen.

1 EL Süßrahmbutter in einer Kasserolle zergehen lassen und darin die Brustknochen leicht anrösten. Die fein gehackten Schalotten hinzufügen, die Hitze drosseln und das Ganze 3 Minuten unter Rüh-

ren bräunen. Mit 3 EL Cognac und 1 Tasse Weißwein ablöschen, den Alkohol verdampfen lassen, anschließend die 4 Tassen Geflügelfond hinzufügen und die Sauce bei milder Hitze dickflüssig einreduzieren lassen, das dauert ca. 30 bis 40 Minuten. Anschließend die Sauce durch ein Sieb passieren, die restlichen marinierten Trüffeln unterrühren und mit Salz und Pfeffer abschmecken. Die Kartoffelstärke in 2 TL Weißwein verrühren und die Sauce damit binden. Sauce warm halten.

Die Champignons putzen und die Köpfe abschneiden. Die Köpfe im Ganzen in 2 EL Butter braten und anschließend mit etwas Salz abschmecken. Ebenfalls warm halten.

20 Minuten vor dem Servieren den Ofen erneut vorheizen, diesmal auf 175 °C.

Die restliche Butter mit dem Erdnussöl in einer großen Pfanne erhitzen und die Wachteln darin rundherum anbraten, anschließend die Wachteln in eine feuerfeste Form legen und im Ofen 15 Minuten weitergaren. Den Bratensatz mit den restlichen 2 EL Cognac ablöschen und unter die Sauce rühren. Die Sauce nochmals erhitzen. Die Wachteln aus dem Rohr nehmen, die Zahnstocher entfernen, je 1 Wachtel in ein Blätterteigoval legen und alles zusammen nochmals für 5 Minuten ins Rohr schieben. Zum Servieren die Wachteln im Blätterteig auf vorgewärmte Teller legen, jede Wachtel mit einem Champignonkopf dekorieren und mit etwas Sauce glacieren.

6

Everybody's Darling

Isabella Mary Beeton (1836–1865)

Als Isabella Beeton nach der Geburt ihres vierten Kindes an Kindbettfieber erkrankt und wenige Tage darauf verstirbt, ist sie gerade einmal 28 Jahre alt und im britischen Königreich bereits eine Ikone. »Beeton's Book of Household Management«, ihr über tausend Seiten starkes, gewichtig in der Hand liegendes Haushaltungsbuch voller Kochrezepte und Ratschläge, war vier Jahre zuvor in London auf den Markt gekommen und binnen kürzester Zeit bereits zu einem Klassiker avanciert. Der Bestseller machte Mrs Beeton zu Englands unangefochtener Autorität in allen Fragen des guten Geschmacks. Nie zuvor war einem Kochbuch in Europa ein derartiger Sensationserfolg beschieden gewesen: Alleine im ersten Jahr verkaufte Isabellas Gatte, der Zeitschriften- und Buchverleger Samuel Orchart Beeton, davon über 60 000 Exemplare. Heute, 150 Jahre nach dem ersten Erscheinen dieses Opus Magnus, zählt Mrs Beetons Haushalts-Vademekum zu den Evergreens der Ratgeberliteratur angelsächsischer Tradition. Weltweit ging es millionenfach über die Ladentische; bis heute wird es immer wieder neu aufgelegt, in teilweise gekürzter und moderni-

sierter Fassung, und wer immer im britischen Königreich Unsicherheiten in den kniffligen Angelegenheiten der Haushaltsführung verspürt, greift heute noch gerne zu einer Familienausgabe der »Mrs Beeton«.

Kochen war für Isabella Beeton ein Ausdruck von Lebensart. Ein perfekt gebackener Yorkshire Pudding, ein auf den Punkt gegartes Beefsteak stellten für sie mehr dar als nur ein gelungenes Essen. Gut zubereitete Hausmannskost, fand sie, verkörpere die Quintessenz häuslicher Ökonomie und glückhafter Lebensführung: »Der Mensch muss essen«, schrieb sie im Vorwort ihres Standardwerks, »doch gibt es keinen Grund, weshalb er das nicht ebenso bekömmlich wie elegant zelebrieren sollte.« Eine kluge und effiziente Haushaltsführung – davon war Mrs Beeton beseelt – sei der Grundpfeiler jeglicher Kultur. Wer im Rahmen seiner finanziellen und zeitlichen Möglichkeiten umsichtig wirtschafte, könne selbst mit bescheidenem Budget eine Atmosphäre häuslichen Wohllebens etablieren – mit dem täglichen Familientisch als Mittelpunkt kultivierter Heimeligkeit. Guter Geschmack

sei keine Frage des Geldes, versicherte sie ihrem Publikum, was alleine zähle, sei der praktische Sinn fürs Schöne: »Warum nicht jeden Tag frische Blumen auf den Tisch stellen?«, fragte sie etwa ihre Leserinnen, »sie sind keineswegs teuer, und man kann sie mitunter leicht selbst pflücken. Es gibt keinen Grund, darauf zu verzichten.«

Landhausromantik gegen die Hektik der Zeit

Isabella Mary Beeton war eine anspruchsvolle junge Dame. Sie war von der Auffassung durchdrungen, dass jeder Mensch ein Anrecht auf ein würdiges Leben in einem angenehmen Umfeld habe und dass sich ein solches Umfeld mit etwas gutem Willen, Disziplin und Fingerfertigkeit selbst unter ungünstigen Bedingungen gestalten lasse. Ihre Haltung war die einer modernen Frau, die sich das Recht herausnimmt, das Leben nicht nur als Pflichterfüllung, sondern auch als Vergnügen zu empfinden. Wenn Frauen ihre häuslichen Aufgaben als Managementberuf begreifen würden, erklärte sie, könnten sie ihre täglichen Arbeiten so geschickt einteilen, dass ihnen noch genügend Zeit für persönliche Annehmlichkeiten bliebe: »Es mag Leute geben, die der Ansicht sind, die Pflichten einer Hausfrau seien mit ihrem Bedürfnis nach Lebensfreude, Entspannung und Inspiration nicht zu vereinbaren. Ich halte es entschieden für notwendig, einer solchen Auffassung nicht zwingend zu folgen.«

Als Isabella dieses Urteil zu Papier bringt, schreiben wir das Jahr 1859. Isabella gehört der bürgerlichen Mittelschicht an; sie hat keinerlei Ambitionen, die Rolle der Frau grundsätzlich infrage zu stellen. Aber sie stellt infrage, dass diese Rolle zur persönlichen Selbstaufgabe führen müsse, wie es zur etwa zur gleichen Zeit in deutschsprachigen Haushaltsratgebern

den Frauen gepredigt wurde. Auf den Britischen Inseln tickte man damals bereits etwas anders.

Queen Victoria war am Ruder und erfolgreich damit beschäftigt, ihr Mutterland mit der gütig strengen Hand einer resoluten Patriarchin durch die stürmischen Zeiten der technischen Moderne zu steuern. Damals gab die Industrialisierung Englands für die Entwicklung Europas das Tempo vor. Zu Isabellas Zeiten waren Konservenfabriken und Fertiggerichte in England bereits ebenso Normalität wie in den Fabriken schuftende Arbeiterfrauen und bürgerliche Familienväter mit kaufmännischen Berufen, die zwischen ihrem Arbeitsplatz und ihrem Zuhause hin und her pendeln mussten. Wenige Jahre nach Isabellas Tod begann man in London, die Pläne für die erste U-Bahn Europas in die Tat umzusetzen. Die Rasanz dieses neuen, von Technik, Rationalisierung und Effizienz geprägten Lebensgefühls bereitete Isabellas Zeitgenossen dennoch Unbehagen. Als sie ihre Rezepte für Stachelbeerkompott und Kartoffelpastete, für Würstchen im Teigmantel und Blutwurstpudding niederschrieb, war allerorten bereits das Wehklagen zu vernehmen, die gute eng-

---

»Wie kultiviert ein Volk ist, lässt sich an zwei Dingen ermessen: Daran, wie es seine Mahlzeiten einnimmt und daran, wie es seine Frauen behandelt.« (Isabella Beeton). *Linke Seite: Fotoporträt von Isabella Beeton. Oben: Queen Victoria.*

lische Hausmannskost und die wohlfeile Tradition der rosenumrankten, gemütlichen Cottage-Küche seien im Schwinden begriffen, und es werde bald im ganzen Inselreich keine Hausfrau mehr zu finden sein, die eine anständige *marmalade* und eine *custard sauce* noch eigenhändig zu rühren imstande wäre. In den Zeitschriften für die elegante Dame wurde der »*doom of the domestic cook*« heraufbeschworen – der Jüngste Tag für die letzte noch übrig gebliebene häusliche Köchin Englands –, und das süße Abschiedslied auf die gute alte Zeit erklang in Moll. Isabella Beeton stand noch mit einem Bein in der Tradition des landwirtschaftlich geprägten Way of Life der englischen Gentry. Das Leben der Bauern hatte sie als Kind bei ihrer Tante Esther kennengelernt, die in Thursby lebte, einem Flecken im Lake District, in dem Milch- und Käsewirtschaft betrieben wurde. Isabella wusste, wie sich das Gackern der Hühner und das Blöken der Schafe anhören; es fiel ihr leicht, in die Melodie vom verlorenen Paradies mit einzustimmen.

Aber sie sah auch die Chancen des Industriezeitalters, verknüpfte traditionelle Werte mit neuen Methoden, vor allem bei der Auswahl ihrer Rezepte. Es waren nicht die pure Nostalgie oder ein weichzeichnender Romantizismus, die ihr bei der Zusammenstellung der Rezepte für Apfelkompott oder Ochsenschwanzsuppe die Feder führten. Sie wusste das Überlieferte durchaus an der richtigen Stelle zu modernisieren. Sie hatte aber auch ein untrügliches Gespür für die psychologischen und wirtschaftlichen Vorzüge der Hausmannskost alter Schule. Instinktiv spürte sie das Bedürfnis ihrer Zeit nach dem Sehnsuchtsbild von unserer kleinen Farm. Aus eigener Erfahrung hatte sie gelernt, dass Selberkochen eine Menge Geld sparen hilft und dass ein frisch gekochtes, warmes Essen glücklich macht.

Isabella wuchs in Londons Cheapside auf, einem lebhaften Markt- und Handelsviertel voller Kontore und Läden für Lebensmittel, Textilien und Kurzwaren. Sie war das älteste von 21 Kindern. In einem Alter, in dem andere Mädchen seilhüpften und mit Puppen spielten, half sie, ihre Geschwister großzuziehen. Sie wurde in der Küche und am Kinderbett groß. Einmal schreibt sie in einem Brief, sobald sie eines ihrer Geschwister gesund gepflegt habe, werde ein anderes krank. Sie genießt dennoch eine gute Erziehung. Ihre Eltern folgen der Mode der Zeit und schicken das Töchterchen in ein Pensionat nach Deutschland. Bei den Schwestern Auguste und Charlotte Heidel in Heidelberg lernt Isabella Französisch, Deutsch und Mathematik. Sie zeigt Talent beim Klavierspiel und begeistert sich für die Kunst des Schreibens. Ihre größte Begabung ist die Fähigkeit, im Schlichten das Schöne zu erkennen. Ihr scharfer Sinn fürs Praktische, ihr Blick für Qualität paaren sich in dem Talent, noch aus dem Einfachsten das Beste herauszuholen. Das wird ihr Patentrezept bei der Herausgabe ihrer Haushaltungstipps und Kochanleitungen.

Als sie Samuel Beeton heiratet, im Alter von 20 Jahren, beginnt ihr Leben als berufstätige Ehefrau und Mutter. Sam ist ein erfolgreicher Verleger; er gibt Magazine für den bürgerlichen Mittelstand heraus, darunter das äußerst populäre *The Englishwoman's Domestic Magazine*. Sam schreibt viele Artikel selbst, nimmt Stellung zu Fragen der Emanzipation, engagiert sich für die Lockerung des Scheidungsrechts, damit Frauen die Möglichkeit erhalten, ein unerträgliches Eheleben zu beenden; er plädiert für das Recht der Frau auf ein eigenes Einkommen, setzt sich dafür ein, dass Ehemänner, die ihre Frauen schlagen, bestraft werden. Bald bekommt Isabella drei Kinder, eines stirbt früh. Sam engagiert sie als Journalistin für seine Haushalts- und Modemagazine; ihre kulinarischen Kolumnen und Rezeptsammlungen, die sie von 1859 bis 1861 verfasst, binden eine große Leserschaft und tra-

gen wesentlich zum Publikumserfolg des *Domestic Magazine* bei. 1861 erscheinen sie erstmals als Sammelband unter dem Titel »Beeton's Book of Household Management, edited by Isabella Beeton«.

Isabella war sich vollkommen im Klaren darüber, dass sie nicht mit dem Anspruch auftreten konnte, Autorin und somit Quasi-Urheberin der Kochrezepte zu sein. Zu ihrem Quellenfundus gehörten alle damals erhältlichen britischen Haushaltungsbücher wie auch die Rezeptsammlungen männlicher Kochstars wie Antonin Carême oder Charles Francatelli, Hofkoch der Queen Victoria. Auch Perlen der Gastrosophie wie die süffigen Anekdoten Brillat-Savarins oder die kulturhistorischen Auslassungen des französischen Schriftstellers und Gelehrten Adolphe Duhart-Fauvet, Zeitgenosse und Ideenlieferant des in London tätigen Upperclass-Kochs Alexis Soyer (1810–1858), wirkten auf Isabella ausgesprochen inspirierend. Diese Belesenheit erlaubte es ihr, die Kunst des Kochens in einen größeren historischen Zusammenhang zu stellen. Sie erzählt Geschichten zu den Rezepten, räsoniert über Stolz und Selbstbewusstsein der Hausfrau und ist beseelt vom humanistischen Gedankengut der griechischen Philosophie. Immer wieder ermahnt sie ihre Leserinnen, einen freundlichen und fairen Umgangston mit dem Hauspersonal zu pflegen. Sie kennt sich in jedem Winkel eines gut geführten Haushalts aus, vom Keller bis zum Dachboden, von der Wäsche- bis zur Vorratskammer, sie wirbelt in ihren Artikeln durch das Hauswesen, strukturiert die täglichen Arbeiten, lehrt, zu delegieren, mit dem Haushaltsgeld zu rechnen und effizient mit Zeit umzugehen. Sie hat Familie, sie hat Kinder, sie hat einen Job, und sie zeigt ihren Leserinnen, wie man das alles unter einen Hut kriegen kann. Freilich: Damals hatte man Personal.

Mit dieser Haltung wird Isabella zum Inbegriff der erfolgreichen britischen *Middle Class Woman*. Ihr Publikum sieht in ihr das weibliche Paradebeispiel jener neuen, bürgerlichen Schicht, die sich vom feudalistischen Standesdenken emanzipiert und die Werte der städtischen Moderne vorlebt: Erfolg durch Fleiß, Bildung und effizienten Lebensstil. Englands Bürgertum hatte in dieser Zeit eine Königin vor Augen, eine Frau, die nicht nur ein machtvolles Staatswesen, sondern ein ganzes Imperium managte. Isabella Beeton zeigte ihren Leserinnen, wie man einen Haushalt managt. Und das tat sie mit Humor, einer Prise Forschheit und einer gesunden Portion Pragmatismus. Eine sehr angelsächsische Mischung. Selbst im Viktorianischen Zeitalter – dem englischen Biedermeier – waren Großbritanniens Frauen dem bürgerlich-konservativen Rollendiktat nicht ganz so strikt unterworfen wie ihre Geschlechtsgenossinnen auf dem europäischen Festland. Der Erfindungsreichtum der englischen Nahrungsmittelindustrie half ihnen, die Dinge entspannter anzugehen. Wie in den USA hatten hier Halbfertig- und Fertigprodukte relativ früh Fuß gefasst. Suppenwürfel und Fleischextrakt aus der Fabrik, Worchestersauce und Tomatenketchup vom Kaufmann sowie »Hefepuder« – eine Vorform des Backpulvers – wurden von Mrs Beeton nicht verteufelt, sondern in die traditionellen Rezepte integriert: »To live economically and well« – Wirtschaftlichkeit mit Wohlbehagen zu verbinden, das war für Isabella kein Widerspruch. Sie hielt es für machbar.

Ihr Stil setzt Standards. Die allermeisten Rezepte aus »Beeton's Book of Household Management« stammen aus den Kochbüchern der britischen Autorinnen Hannah Glasse und Eliza Acton. Isabella griff deren Ideen auf und strukturierte sie neu. Die Hausfrau sollte auf den ersten Blick das Wesentliche erfassen können: die Zutatenliste zuerst, dann die Zubereitung, klar und schlüssig formuliert, zum Schluss die Angaben, wie viel die Sache kostet, für wie viele Personen das Gericht bemessen ist und zu welcher Jahreszeit und welchem Anlass es passt. Ein moderner Entwurf, der in Teilen bereits von ihren Kolleginnen praktiziert wurde. Doch Isabella bündelte deren Konzepte und setzte sie konsequent und systematisch um. Das eigentliche Geheimnis ihres Erfolgs liegt jedoch in etwas anderem. Es ist dieser typische Beeton-Ton, der sie so unverwechselbar gemacht hat. Wie eine freundliche, aber bestimmte Gouvernante nimmt sie ihre Leserinnen an die Hand und gibt ihnen zu verstehen: Darling, alles halb so wild. Mit etwas Spucke und gutem Willen schaffst du alles.

Isabella wusste, dass die Frauen des Industriezeitalters nicht mehr alle Zeit der Welt für Häuslichkeit haben. Dass sie in das hineingeworfen sind, was Frauen auf der ganzen Welt bis heute zu schaffen macht: die Dreifachbelastung durch Arbeit, Haushalt, Kindererziehung. Auch zu Isabellas Zeiten bereiteten die Mütter ihren Lieben gerne einen Sonntagsbraten zu, aber sie konnten und wollten dafür nicht mehr tagelang in der Küche stehen. Es lag ihnen fern, den Bacon für den Frühstückstisch selbst zu pökeln. Sie kauften ihn beim Metzger. Isabellas Stiefvater war Angestellter des Rennplatzes von Epsom im Süden Londons. Die Familie bezog eine Wohnung auf der Haupttribüne der Rennbahn. Rundum gab es Rasen und Natur. An diesem Ort, der Tempo und Bodenständigkeit symbolisierte, wuchs Isabella auf. Wenn in Epsom der berühmte Derby Day stattfand, verkehrte dort die illustre Welt. Es gab ein Geschiebe und Gedränge. Pferde rasten um die Wette. Isabella wurde keine 30 Jahre alt. In dieser kurzen Zeitspanne brachte sie es zu Englands Mutter aller Kochbücher – ein Leben auf der Zielgeraden.

Bread and Butter Pudding
mit Vanillesauce

ZUTATEN FÜR 6 PORTIONEN

Für Bread and Butter Pudding:

9 Scheiben frisches Kastenweißbrot, dick mit zimmerwarmer Butter bestrichen

50 g Korinthen · 4 Eier · 600 ml Vollmilch · 30 g Zucker · 1 Päckchen Bourbon-Vanillezucker

abgeriebene Schale einer unbehandelten Zitrone · 1 Prise Muskat · 1 EL Puderzucker

Für Vanillesauce (Custard Sauce):

500 ml Vollmilch oder süße Sahne · 1 Vanilleschote · 2 Eier

90 g Zucker · 1 Prise Salz · 1 EL Brandy oder Rum

- -

ZUBEREITUNG BREAD AND BUTTER PUDDING:

Die Brotscheiben mit der Butterseite nach unten in eine Auflaufform legen. Korinthen gleichmäßig darüberstreuen. Eier, Milch, Zucker und Gewürze leicht miteinander verschlagen und darübergießen. Bei 175 °C im Ofen circa 30 bis 45 Minuten backen; mit Puderzucker bestreuen und warm mit Vanillesauce servieren.

ZUBEREITUNG VANILLESAUCE:

Milch oder Sahne in einen Topf schütten, die Vanilleschote der Länge nach aufschlitzen, das Mark herauskratzen und in die Milch/Sahne geben, einmal aufkochen lassen, vom Herd nehmen und kurz abkühlen lassen. In einer Rührschüssel über einem Wasserbad die Eier mit dem Zucker und der Prise Salz dicklich aufschlagen, nach und nach die heiße Vanillemilch (Vanillesahne) unterrühren, bis eine cremige, konsistente Masse entsteht. Vom Wasserbad nehmen, kalt weiterschlagen und kurz vor dem Servieren mit dem Brandy abschmecken.

(Dieses Rezept entstammt »Beeton's Book of Household Management«.)

7

»Du kleine Kochkünstlerin …«

Das Kochbuch oder: Erziehung zur Hausfrau

Die Hausfrau, Stütze der Nation

Keiner ihrer Liebhaber hätte auch nur einen Penny darauf verwettet, dass aus Holly jemals eine ordentliche Hausfrau werden würde. Am wenigsten Fred. Fred ist überhaupt der Meinung, Hausfrau zu sein passe nicht zu Holly. Doch wie die Dinge nun einmal liegen, ist für Holly das, was Fred so denkt und meint, nicht mehr so wichtig. Holly ist verliebt. In einen anderen, einen von der seriösen Sorte, einen zum Heiraten. Sie möchte ein Zuhause, sie möchte häuslich werden und überhaupt: Sie möchte eine andere werden. Sie tauscht ihr kleines Schwarzes gegen schlabberige Pullover und findet – ganz gegen ihre Gewohnheit – es mit einem Male unwiderstehlich, sich als Köchin zu inszenieren. In der winzigen Küchenzelle ihres Apartments in Manhattan rührt sie so bizarre Dinge zusammen wie Fasan mit Datteln und Hühnchen in Schokoladensauce.

Früher ernährte sie sich von Zigaretten, konnte nicht mal ein Rührei kochen. Das irritiert Fred. Er versteht nicht, was in Holly gefahren ist, wie sie sich plötzlich darin gefallen kann, betuliche »hausfrau afternoons« zu veranstalten und sich als Heimchen aufzuspielen. Und was noch viel furchtbarer ist für Fred: Er spürt, dass er keine Chance mehr hat. Er wird seine alte Holly nicht mehr zurückbekommen, weil es die alte Holly nicht mehr gibt. Holly hat sich eine Batterie von Kochbüchern zugelegt. Und das Schlimme ist: Sie hat sie alle gelesen.

Holly Golightly, das Lebemädchen aus Truman Capotes Erzählung »Frühstück bei Tiffany«, taucht in die Welt der Kochbücher ein, weil sie hofft, sich ihres künftigen Ehemannes damit als würdig zu erweisen. Die Sache selbst – die Freude am Kochen – interessiert sie herzlich wenig. Es geht ihr nicht darum, eine gute Köchin zu werden; fürs Kulinarische ist sie nicht geboren. Wenn sie sich eine Küchenschürze umbindet, sieht sie aus wie verkleidet. Holly zielt auf etwas

---

*Oben: Audrey Hepburn als Holly in »Frühstück bei Tiffany«, 1961.
Rechte Seite: Mit ihr begann das Zeitalter der weiblichen Kochbuch-
literatur: Die Rezeptsammlung der Augsburger Bürgersfrau Anna
Wecker (1528 – 1596) gilt als das erste von einer Frau geschriebene
Kochbuch, das je gedruckt wurde.*

anderes ab: Sie möchte als gute Hausfrau wahrgenommen werden. Und genau das bereitet Fred solches Unbehagen. Er ahnt, dass Holly, das charmant überdrehte New York Girl mit dem Hang zum Luxus, durch die Lektüre der Kochbücher eine andere Identität anzunehmen erhofft, dass sie eine Rolle zu verinnerlichen sucht, die nicht die ihre ist.

Kochbücher für Frauen sind die längste Zeit ein vieldeutiges, um nicht zu sagen: verfängliches Genre gewesen. Seitdem das weltweit erste von einer Frau geschriebene Kochbuch in Druck ging – Anna Weckers »Ein köstlich new Kochbuch«, 1597 – hatte sich diese Art Gebrauchsliteratur innerhalb eines Jahrhunderts zu einer Angelegenheit von moralischer, um nicht zu sagen: gesellschaftspolitischer Tragweite entwickelt. Neben der rein sachlichen Information – den Rezepten und hauswirtschaftlichen Tipps – ging es den Kochbuchautorinnen mehr und mehr darum, weibliche Verhaltensnormen zu vermitteln. Sie würzten ihre Anleitungen zur Zubereitung von Suppen und Sirups mit wohlmeinenden Ermahnungen, Belehrungen und sanftem psychologischem Druck. Noch bis ins 20. Jahrhundert hinein dienten Kochbücher für Frauen mehrheitlich nicht unbedingt dazu, der Damenwelt Appetit auf die Wonnen der Feinschmeckerei zu machen, ihnen also jenen gastrosophischen Erlebnisbereich zu eröffnen, in dem sich seit dem 18. Jahrhundert immer mehr Männer aus dem Bürgertum gütlich taten – jene neuartige Welt der Restaurants und gelehrten Tafelrunden, in denen sich die Jünger Brillat-Savarins mit weingeröteten Wangen, wohlgefülltem Wohlstandsbauch und einer Stoffserviette vor der Brust dem Räsonieren über das gute Leben und das gute Essen hingaben. Frauen sollten nicht zu Genießerinnen erzogen werden, sondern an einer Ideologie Ge-

schmack finden: Im 18., 19. bis ins 20. Jahrhundert interpretierten Kochbücher für das weibliche Geschlecht die Kochkunst als Inbegriff bürgerlicher Tugendsamkeit.

Vor allem im 19. Jahrhundert wird die Hausfrau am heimischen Herd zur Schlüsselfigur für das Wohl und Wehe der Nation stilisiert: »Kochen ist eine Kunst und gar eine edle. Von ihr hängt nicht zum wenigsten das Gedeihen und Wohlbefinden der gesamten Familienmitglieder, das häusliche Behagen, ja ich möchte fast sagen, das häusliche Glück ab«, schreibt die aus dem Westfälischen stammende Erzieherin Henriette Davidis (1800–1876) in ihrem 1845 erschienenen »Praktischen Kochbuch«. Eine Frau, die kochen kann, so der Tenor und die Argumentation der Zeit, halte den Manne vom Wirtshause und damit von der Trunksucht fern – eine vor allem in den unteren Schichten Europas damals weit verbreitete Methode der Armutsbewältigung –, ergo verhindere die gute Hausfrau die Verschleuderung von Volksvermögen.

Ähnliche Formulierungen finden sich in nahezu allen Kochbüchern für Frauen im 18. und 19., teilweise sogar noch im 20. Jahrhundert. Die Dortmunder Kulturhistorikerin und Kochbuchexpertin Annemarie Wilz resümiert diesen ideologischen Überbau nicht ohne Süffisanz: »Direkt oder indirekt ist in vielen Vorworten und Einleitungen das Feindbild ›die emanzipierte Frau‹ präsent: Sie kocht schlecht und macht mindestens Mann und Familie unglücklich, wenn sie nicht gar auf längere Sicht die gesamte Volkswirtschaft und damit die Nation ruiniert.« Ins Bild gesetzt bedeutet dies: Auf den Titelseiten bürgerlicher Kochbücher des 19. und frühen 20. Jahrhunderts sehen wir meist eine gestrenge Dame in gestärkter Schürze, die mahnend den Zeigefinger erhebt. Neben ihr ist

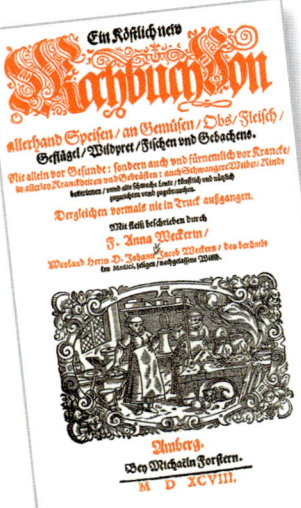

ein Mädchen abgebildet, schüchtern und unerfahren, dem sie bedeutet, der Weisung des Zeigefingers zu folgen. Sie hält die aufgeschlagenen Seiten eines Kochbuchs in Händen und deutet entweder auf ein bestimmtes Rezept oder auf einen Topf, der auf dem Herd steht. Viele Pionierinnen der Kochbuchliteratur für Frauen waren Erzieherinnen. Im Tonfall der wohlmeinenden Kinderfrau treten sie ihren Leserinnen gegenüber nicht als Verfechterinnen eines Lebens voll kulinarischer Genießerfreuden auf, sondern als Gouvernanten, die ihren weiblichen Schäfchen den Weg zum bürgerlichen Glück weisen. Anders als die von Berufsstolz und kulinarischem Erfindergeist erfüllten Kochbücher von Männern erscheinen uns die ersten breit vermarkteten Kochbücher für Frauen mehrheitlich nicht als Quellen der Lebensfreude, sondern als Erziehungsprogramme. Sie stellen nicht die Art mundwässernder Lektüre dar, wie wir sie heute von weiblichen Köchen kennen und aus purer Lust an der Freude gerne goutieren. Sie zählen zum Genre der »normativen Literatur«, sind Haushaltsfibeln, keine Genussbibeln.

Rosamunda, die Köchin ohne Fehl und Tadel

Just aus diesem Grunde erleben sie einen ungeheuren Boom – seit dem 18. Jahrhundert im englischsprachigen Raum, seit dem 19. in ganz Europa. Das Kochbuch wird zum wichtigsten Utensil der Mitgift einer bürgerlichen Braut. Die Zeitschriften spotten: »Man hat berechnet, daß eine Frau, die jeden Tag 16 Stunden lesen würde, 953 Jahre alt werden müßte, um alle nur in Deutschland erschienenen Kochbücher zu lesen«, witzelt das *Dortmunder Allgemeine Kreisblatt* im November 1857. Um zu verstehen, was diesen immensen Bedarf an Kochbüchern auslöste, sei der Vergleich mit einem modernen Phänomen erlaubt: Computer und Internet verändern unsere Arbeitswelt, unsere Beziehungen, unser Verhältnis zu Zeit und Raum. Kulturell ähnlich umwälzend wirkte sich der gesellschaftliche Wandel vom Feudalzeitalter zum bürgerlichen Zeitalter aus.

Im Feudalismus, seit dem frühen Mittelalter also, war die Gesellschaft in drei Stände geteilt: Adel, Freie, Unfreie. Seit dem Hochmittelalter differenzierte sich die ständische Gliederung weiter aus: Adel, Klerus und Militär bildeten nun die Oberschicht, Bauern die breite Unterschicht. Dazwischen gab es eine kleine, wenngleich immer erfolgreicher agierende Gruppe von Stadtbewohnern, die das Bürgerrecht erwerben konnten, Handwerker und Händler zählten dazu. Mit der Erfindung des Buchdrucks um 1450, der Entdeckung Amerikas im Jahre 1492 und der Gründung großer Seehandelskompanien wie der Vereinigten Ostindischen Compagnie 1594, gewann diese Schicht an Einfluss. Ökonomisches Geschick, eine durch den Handel begünstigte Weltläufigkeit und nicht zuletzt die zunehmende Lesefähigkeit spielten ihr immer mehr finanzielle, politische und kulturelle Macht in die Hände. So entstand das Bürgertum als dritte

große, gesellschaftliche Kraft Europas. Der Buchdruck markierte den Beginn der europäischen Aufklärung. Aus ihr bezog die neue städtische Gesellschaftsschicht ihr Selbstverständnis. Dennoch entwickelte sich die bürgerliche Kultur aus einem Zwiespalt heraus: Einerseits wollte das Bürgertum von der aristokratischen Obrigkeit ernst genommen und für seine wirtschaftlichen Erfolge anerkannt werden, andererseits empfand es deren Lebensstil als verstiegen und sinnentleert und versuchte mit allen Mitteln, sich davon abzugrenzen.

Aus diesem Konflikt heraus entwickelte sich das Ideal der bürgerlichen Familie. Ihr Wesensmerkmal sind die zwei klar definierten, voneinander getrennten Wirkungsbereiche: Hier der erwerbstätige Paterfamilias, der in der feindlichen Welt draußen, sprich: in den Schreibbüros und Handelskontoren, mit dem Drachen oder zumindest für seinen beruflichen Aufstieg kämpft. Dort die Ehefrau und Mutter, die für Häuslichkeit sorgt und das Herdfeuer schürt. Sie sollte den beschaulichen, erholsamen Gegenpol zu der als anstrengend und von Wettkampfgeist erfüllten Sphäre des Wirtschaftslebens schaffen. Allerdings währte dieses biedermeierliche Idyll nicht lange. Die neue Lebensform der städtischen Kleinfamilie sah sich in ihrer gesellschaftlichen Position ab etwa 1850 bereits massiv bedroht. Durch die Industrialisierung hatte sich aus der unteren Schicht der Bauern und Tagelöhner das sogenannte Industrieproletariat herauszubilden begonnen – die von Adel wie Bürgertum gleichermaßen gefürchtete Arbeiterklasse. Auch sie suchte sich ihren Platz in der Mitte der Gesellschaft zu erobern. Darauf reagierte das Bürgertum mit immer rigoroseren Formen der Abgrenzung nach unten. Als Königsweg zur Sicherung des Status diente die Repräsentation. Die Damen des Hauses luden einflussreiche Familien zu Abendgesellschaften und Bällen ein und

gingen auf Kaffeevisiten zu den Müttern Erfolg versprechender Söhne; die Töchter wurden zum Tanzen und Sticken und Parlieren erzogen, sollten sich nicht mit groben Arbeiten befassen müssen und lieber eine gute Partie machen. Nicht zuletzt strebte man danach, Domestiken vorweisen zu können, um dem bürgerlichen Heim den feineren Anstrich von Vornehmheit und Wohlleben zu verleihen.

Zur typischen Mittelschicht des bürgerlichen Zeitalters zählten jene Haushalte, die sich zwar Dienstboten leisten konnten, aber nur auf finanziell niedrigem Niveau. Und das bedeutete: Mehr als ein Mädchen für alles war in der Regel nicht drin. Um den Schein nach außen dennoch zu wahren, kam die Hausfrau gar nicht darum herum, selbst mit anzupacken. Man braucht nun nur noch eins und eins zusammenzuzählen, um zu verstehen, weshalb das pädagogisch wertvolle Koch- und Haushaltungsbuch so überaus populär wurde: Es trug dazu bei, die neue Rolle der bürgerlichen Hausfrau als erstrebenswert und erfüllend darzustellen (in städtischen Handwerkerhaushalten der Frühen Neuzeit war es noch selbstverständlich gewesen, dass Frauen mitverdienten – in den Arbeiterfamilien blieb das durchgehend so). Sobald ein Mädchen in den Hafen der Ehe einsegelte,

Linke Seite: »Sie war ein Juwel und daher ein Tyrann. Sie brummte, knurrte, wieherte, brüllte, fauchte, bellte.« (Jean-Anthèlme Brillat-Savarin über die Köchin von Madame und Monsieur de Versy, 1826).

sollte es seine Aufgabe als Hausfrau nicht nur als Berufung, sondern als Beruf empfinden. Es sollte vom Backfisch zur *Mistress of the Household* erzogen werden – zur Chefin, die das Hauswesen führt und die Herdmacht in Händen hält. Doch das gab den frisch vermählten Ehefrauen Probleme auf: Aus Gründen der feineren Lebensart hatten sie bis zu ihrer Heirat nie richtig kochen und wirtschaften gelernt – das besorgte in ihrem Elternhause ja ebenfalls das Mädchen mithilfe der Mutter. Ein Teufelskreis. Und nun stelle man sich eine junge Braut vor, hübsch anzusehen und mit delikat behandschuhten, wenngleich zwei eher linken Händen ausgestattet, was das Kochen und Hauswirtschaften anbelangt. Ihr Gatte ist fleißig und strebsam, aber eben auch kein Krösus. Sie zieht in seine bescheidene, aber solide Wohnung ein, und nächste Woche wird das neue Mädchen eingestellt, und sie hat keinen blassen Schimmer, wie sie dieses Wesen vom Lande unterweisen sollte, ohne ihr Gesicht als künftige Haushaltsvorsteherin zu verlieren. Sie weiß nichts von der Wirklichkeit in Küche und Keller. Nicht, wie viel ein Kilo Kalbsbrust kostet, wie man mit dem gewieften Fischhändler feilscht, woran man erkennt, ob Eier frisch sind, und wie man das Haushaltsgeld so einteilt, dass es bis zum Monatsende reichen würde.

Da kommt so ein Kochbuch als Hausfrauen-Coach wie gerufen. Es wird zum unentbehrlichen Nachschlagewerk für die Tücken des Alltags zwischen Spültisch und Bratenröhre. Schon im Titel machen die von erfahrener Frauenhand verfassten Nothelfer Hoffnung auf Erlösung: »zuverlässige Belehrungen«, »gründliche Anweisung«, »aus eigener Erfahrung erprobte Rezepte« und »praktische Hülfe« werden versprochen. Amelia Simmons, Autorin des 1796 erschienenen ersten US-amerikanischen Kochbuchs *American Cookery*, wirbt auf dem Titel mit der harten Lebensschule, durch die sie gegangen ist: »By Amelia

Simmons – An American Orphan« steht da. Der Hinweis, sie sei eine Waise, durfte als Gütesiegel aufgefasst werden. Er signalisierte das Glaubensbekenntnis der Frauenbücher jener Zeit: *per aspera ad astra* – Lebensglück ist der Mühe Lohn. Nicht ohne Selbstbewusstsein tritt auch eine Autorin namens Rosamunda auf. Ihr 1839 in München erschienenes Kochbuch trägt drei Ausrufezeichen im Titel: »Die Köchin ohne Fehl und Tadel [...] Populär! praktisch! wohlfeil!«

Vom Hausvater zur Hausmutter

Das Kochbuch wurde zu so etwas wie der sittlichen Geheimwaffe der Frau. Mit seiner Hilfe ließ sich aus einer weltfremden Bürgerstochter eine patente Ehefrau machen, die das Lob des Gatten auf sich zieht. Variationen dieses Themas füllen die Frauenmagazine der Zeit. Typisch ist zum Beispiel jene Geschichte aus dem *Illustrierten Frauen-Brevier* von 1876, die ein junges Eheglück schildert: Aus Angst, sich mit ihren mangelhaften Kochkenntnissen zu blamieren, bestellt eine frisch gebackene Ehefrau die Speisen für ihre Gästeeinladungen bei einer Garküche. Natürlich geht diese Art zu wirtschaften auf Dauer zu Lasten der Haushaltskasse. Der Gatte rügt sie, und sie muss sich etwas einfallen lassen. Also kauft sie ein Kochbuch. Schritt für Schritt folgt sie den Rezepten, Einkaufs- und Resteverwertungstipps und weist auch ihre Küchenhilfe in die sparsame Wirtschaftsweise ein, die das Buch empfiehlt. Die Speisen, die sie ihrem Angetrauten von nun an auftischt, erweisen sich als schmackhaft und geldbeutelschonend. Entzückt möchte der Gatte wissen, wie sein Frauchen dieses Kunststück zuwege brachte: »Alles mithilfe der Köchin und des Kochbuchs«, sagt sie stolz. Er zeigt sich beeindruckt: »Du kleine Kochkünstlerin, mich so zu überraschen!«

Der onkelhafte Duktus dieser Art Frauenliteratur wirkt aus heutiger Sicht einigermaßen skurril bis provozierend. Damals galt er als etwas völlig Normales. Er hatte sich seit dem 16. Jahrhundert durch die sogenannte »Hausväterliteratur« eingebürgert, ein Sujet, um das sich zwei-, dreihundert Jahre lang vornehmlich männliche Autoren verdient gemacht hatten, meist gesellschaftsreformerisch wirkende Dorfschullehrer und Pfarrer. Die ersten Kochbuchautorinnen stehen inhaltlich noch ganz in dieser Tradition. Die Hausväterliteratur war aus dem Geist der protestantischen Ethik heraus entstanden. Sie richtete sich an das Gros der Bevölkerung, die bäuerlichen Familien, die alles, was sie zum Leben brauchten, noch selbst herstellten – das sogenannte »ganze Haus«, griechisch *Oikos* genannt: Tier und Mensch,

Dienstboten und Herrschaft, Säen, Ernten, Verarbeiten und auf dem Markt Feilbieten – der gesamte ökonomische Mikrokosmos eines agrarisch verwurzelten Familienlebens wurde in diesen Hausbüchern umfassend erklärt und als sittlich erstrebenswert und gottgefällig dargestellt. Diese Norm übertrug sich auf das bürgerliche Frauenideal und auf die Kochbuchliteratur. Der Titel eines 1865 bei St. Gallen in der Schweiz erschienenen Kochbuchs wendet sich an die tüchtige, in allen häuslichen Belangen versierte Hausfrau: »Die kluge und einsichtige Schweizerin vom bürgerlichen Stande, das wirksamste und nützlichste Festgeschenk für unsere lieben Frauen und erwachsenen Töchter hinsichtlich ihrer Stellung als Tochter, Gattin und Mutter unter Berücksichtigung anderer verschiedenster häuslicher und bürgerlicher Lebensverhältnisse, nebst einer vollständigen und gründlichen Anleitung zur ordnungsgemäßen Führung eines geregelten Haushaltes ...« und so weiter.

Vestalinnen hießen die mythischen Vorbilder der modernen Köchinnen. Sie wurden von den Römern der Antike als Hüterinnen des Herdfeuers verehrt – und als Göttinnen des häuslichen Friedens.

Schlag nach bei Henriette

Als dieses Kochbuch auf den Markt kam, war die Tradition der Hausväterliteratur bereits in weibliche Hände übergegangen. Ein Kochbuch zu schreiben eröffnete den Frauen die Tür zu einer Welt, die bis dahin fast ausschließlich Männern vorbehalten war. Es bot ihnen die Möglichkeit, berufstätig zu sein (wenn auch innerhalb des schicklichen Umfelds von Küche, Keller, Kinder), über ein eigenes Einkommen zu verfügen, aus der anonymen Sphäre der privaten Häuslichkeit herauszutreten und sich in der gesellschaftlichen Öffentlichkeit einen Namen zu machen.

Aus diesem Grunde wird Henriette Davidis, eine der berühmtesten Kochbuchautorinnen des 19. Jahrhunderts, mitunter als Revolutionärin beschrieben, obgleich sie es ihrem Weltbild nach keineswegs war. Immerhin jedoch schaffte sie es, ihren Namen zur Marke zu machen – eine beachtliche Leistung, nicht nur gemessen an den Maßstäben ihrer Zeit. Von ihren Bewunderern heute noch respektvoll »die Davidis« genannt, ist sie so etwas wie die Mrs. Beeton Deutschlands – eine Art Hausmutter der Nation, die Grande Dame der gutbürgerlichen Kochbuchliteratur der Gründerzeit.

Johanna Friederika Henriette Davidis kommt als zehntes von dreizehn Kindern einer Pfarrersfamilie im westfälischen Dörfchen Wengern zur Welt. Altes Bauernland, Stall und Vieh und Weiden ringsherum, das Elternhaus streng protestantisch. Die Mitgift ist gering; zweimal sterben Henriette die von den Eltern ins Auge gefassten Verlobten weg, und so ist der Weg vorgezeichnet: Das Kind besucht eine Töchterschule und geht anschließend in Stellung. Die junge Henriette lernt Handarbeiten und Kochen und »das Erziehungsfach«, wie man damals sagte. Sie nimmt eine Stelle als Handarbeitslehrerin an der Mädchenschule Sprockhövel bei Wuppertal an und erwirbt sich einen Ruf als talentierte Pädagogin. Fast ihr ganzes Leben lang wird sie im Haushalt wohlhabender Familien als Erzieherin tätig sein.

Mit 44 Jahren ist sie zu jenem späten Mädchen herangereift, das man damals mit »Fräulein« anzureden pflegte: Das Haar unterm Häubchen straff gescheitelt, den Hals bis zum Kinn mit Spitzenschleifen umschnürt. In diesem Alter beginnt sie zu schreiben. Sie kann kochen, in der Familie, in der sie lebte, hat sie unzählige Rezepte kennengelernt und gesammelt, und diese Erfahrungen lässt sie nun in ihre Bücher einfließen. Fast alle werden zu Bestsellern, vor allem ihr »Praktisches Kochbuch« von 1845, dessen erste Ausgabe den wortreichen Titel trägt: »Zuverlässige und selbstgeprüfte Recepte der gewöhnlichen und feineren Küche. Praktische Anweisung zur Bereitung verschiedenartiger Speisen«. Es folgen: »Der Gemüsegarten« (1850), die Mädchenkochbücher »Puppenköchin Anna« (1856) und »Puppenmutter Anna« (1858) sowie die Renner für angehende Ehefrauen: »Beruf der Jungfrau« (1857) und »Die Hausfrau« (1861). Doch Henriette schreibt noch mehr: Rezeptbücher zur Verbesserung der Armenernährung sowie Ratgeber für die weibliche Gemütsbildung. Standardwerke, die zahllose Neuauflagen erleben. Als sie 1876 stirbt, geht die 21. Auflage ihres »Praktischen Kochbuchs« in Druck.

In ihren letzten Lebensjahren war Henriette finanziell so gut gestellt, dass sie sich wenigstens die Miete für eine kleine Wohnung leisten konnte. Dort saß sie dann in ihrem Stübchen, umgeben von Efeuranken und Nippesvögelchen aus Glas und Porzellan. Sie war so berühmt, dass die deutsche Kaise-

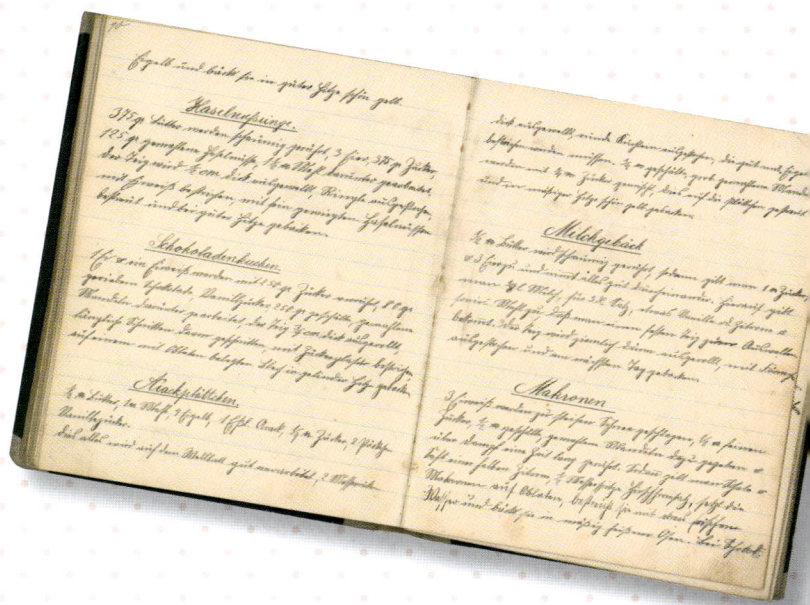

rin Augusta (1811–1890) nach Henriettes Tod Geld für ein Grabmal auf dem Dortmunder Ostenfriedhof spendete. Als eine der ersten deutschen Autorinnen konnte die Davidis in bescheidenem Umfang von den Tantiemen ihrer Bücher leben. Das mag sie, zumal im Alter und als ledige Frau, als Glück empfunden haben. Doch einen Wegweiser für die gesellschaftliche Zukunft des weiblichen Geschlechts mochte sie darin nicht sehen. In der *Hausfrau* hatte sie ihren Leserinnen empfohlen: »Es sei und bleibe ihre schönste Aufgabe, dem Hause würdig vorzustehen, es zum angenehmsten Aufenthalt des Mannes zu machen, nur ihm gefallen zu wollen, auf alle seine Wünsche, insofern sie zum wahren häuslichen Glücke dienen, die größte Rücksicht zu nehmen und nie zu vergessen, daß der Mann der Versorger der Familie ist.«

Hat sie oder hat sie nicht?

Nicht einmal den Lorbeerkranz als Autorin wollte sich Henriette Davidis aufsetzen lassen: »Ich bin weit davon entfernt, dieses Buch als eine eigene Arbeit hochstellen zu wollen«, schrieb sie im Vorwort zum »Praktischen Kochbuch«. Dieser nüchterne Blick auf ihren persönlichen Anteil am Zustandekommen der Rezeptesammlung offenbart ihr sicheres Gespür für die Wurzeln, aus denen das Genre der weiblichen Kochbuchliteratur hervorgegangen ist: Haushaltswissen als Teil der mündlichen Tradition. Die Autorinnen der ersten Kochbücher für Frauen waren Vermittlerinnen populären Überlieferungsgutes. Ihr Verdienst ähnelt dem von Redakteuren, die Inhalte in lesbare Form bringen. Die Brüder Jacob und Wilhelm Grimm beispielsweise – Zeitgenossen der Davidis – haben ihre »Kinder- und Hausmärchen« auch nicht selbst verfasst.

Sie verstanden sich vielmehr als Sammler und Dokumentare einer volkstümlichen Tradition. Sie lie-

ßen sich die Märchen erzählen, zeichneten sie auf und gaben ihnen anschließend eine neue, kunstvolle Ausdrucksform – jenen eigentümlichen Märchenton, dieses »Es war einmal«, das sie unsterblich machte. Märchen zählen zur Folklore; sie sind Erzählgut, das mündlich überliefert wird. So verhält es sich auch mit den Küchenrezepten für den familiären Bedarf; sie gehören der Tradition der weiblichen Folklore an, die in vormodernen Gesellschaften mündlich von der Mutter zur Tochter, von der Herrin zur Magd weitergegeben wurde.

Küchenrezepte für den Hausgebrauch wurden daher weniger als kreative Eigenleistung bewertet, sondern als Allgemeingut betrachtet – es stand jedem frei, darüber zu verfügen. Isabella Beeton übernahm viele ihrer Rezepte aus dem Kochbuch ihrer englischen Kollegin Eliza Acton (1799–1859): »Modern Cookery for Private Families«. Eliza Acton wiederum, die sich finanziell erfolglos als Lyrikerin versucht hatte und schließlich mit einem Kochbuch Geld zu verdienen erhoffte, ließ sich für ihre Rezeptsammlung vom erfolgreichsten englischen Kochbuch des 18. Jahrhunderts inspirieren: Hannah Glasses »The Art of Cookery Made Plain and Easy«, das 1747 herauskam; Hannah Glasse ihrerseits bezog sich auf das Kochbuch ihrer Landsmännin Hannah Wolley aus

---

*Linke Seite: Henriette Davidis (1801–1876),
nach einem zeitgenössischen Stich, um 1860.
Oben: Handschriftlich verfasstes Kochbuch mit täglichen
Speisezetteln, geführt von 1911 bis 1917.*

dem Jahre 1670: »The Queen-Like Closet«, eines der bestverkauften Bücher im England des 17. Jahrhunderts. Die Liste ließe sich beliebig fortsetzen und um ein weltberühmtes Beispiel ergänzen: »De honesta voluptate et valetudine«, das bedeutendste Kochbuch der Renaissance und das erste gedruckte Kochbuch der Welt überhaupt. Als es 1474 in Venedig und Rom aus der Druckmaschine kommt, erscheint es unter dem Namen des humanistischen Gelehrten und Schriftstellers Platina; der hieß mit vollem Namen Rodolfo Bartolomeo de Sacchi di Piadena, war Leiter der päpstlichen Bibliothek im Vatikan und kam mit diesem Kochbuch zu Weltruhm. Die Rezepte darin stammten jedoch nicht von ihm, sondern von Martino de Rossi (um 1450–1475), dem Leibkoch des legendären und, man darf sagen: für seine Verfressenheit berüchtigten Bischofs von Aquileia. Martino de Rossi hatte um 1470 eine handschriftliche Version seiner Rezepte unter dem Titel »Liber de re coquinaria« zusammengestellt. Dieses Manuskript ging zwar nie in Druck, dürfte dem Bibliothekar Platina jedoch fast zwangsläufig in die Hände gefallen sein.

Urheberrechtsfragen waren zu Beginn der Ära des Buchdrucks noch kein Thema und Rezepte-Piraterie galt nicht als ehrenrührig, ja nicht einmal als Kavaliersdelikt. Das hat auch mit der Bedeutungsgeschichte der Gattung »Rezept« zu tun. Die Vorschrift, bestimmte Zutaten in exakt vorgesehener Menge und Reihenfolge miteinander zu mischen, stammt aus der Apotheken- und Medizinalwissenschaft. Ärztlicher Rat indessen war teuer – und blieb es für den Großteil der europäischen Bevölkerung bis zur Einführung der allgemeinen Sozialversicherung Ende des 19., Anfang des 20. Jahrhunderts. Rezepte für Hausmittel und Anleitungen zur Zubereitung von Krankenkost

zählten daher zum Standardrepertoire häuslicher Kochkunst.

Man behielt sie nicht für sich, sondern gab sie im Notfall weiter. Fast alle frühen Kochbücher von Frauen stehen in der Tradition der Pflanzenheilkunde; über das Mittelalter hinaus lag das Wissen, wie man Krankenkost zubereitet, bei den Mönchen, Nonnen, heilkundigen Frauen und Hausfrauen. Philippine Welsers Buch ist hierfür ein prominentes Beispiel, ebenso das 1696 gedruckte Rezeptbuch der Fürstin Eleonora Maria Rosalia zu Liechtenstein: »Freywillig aufgesprungener Granatapfel des Christlichen Samaritern« – eine Anleitung zur Herstellung von pflanzlichen Arzneimitteln und diätetischen Speisen. Auch Anna Wecker reiht sich hier ein. Als sie ihr Kochbuch herausbringt, ist sie Witwe, und zwar, wie sie im Titel schreibt, des »weyland Herrn D. Johann Jacob Weckers, des berühmbten Medici«.

Die persönliche Handschrift einer Köchin zeichnet sich in der Virtuosität ab, die sie im Umgang mit den Rezepten an den Tag legt. So wie Mamsell, Köchin im Elternhaus der 1922 geborenen Schriftstellerin Ilse Gräfin von Bredow. Mamsells Kochkünste versetzten nicht nur die zwei-, sondern auch die vierbeinigen Mitglieder der gräflichen Familie in Verzückung. Als Murkel, der Hund von Ilse von Bredows Onkel Fips einmal kränkelnd und appetitlos darniederlag, päppelte sie ihn mit einer unorthodoxen Interpretation von Krankenkost wieder auf: Sie servierte ihm Dampfnudeln, Grießschnitten und Rindfleischklößchen.

Der Unterschied zwischen einer guten und einer großen Köchin besteht darin, dass beide ihre Rezepte aus dem Effeff beherrschen – aber die Tricks, die sie darüber hinaus anwenden, behält die große Köchin für sich.

Suppe von mariniertem Schildkrötenfleisch

Ein Rezept von Henriette Davidis*

Suppe von mariniertem Schildkrötenfleisch. Man erhält solches Fleisch in Blechbüchsen. Wenn eine Suppe davon bereitet werden soll, so wird es in kleine viereckige Stücke geschnitten und in einer sehr kräftigen Espagnole mit Madeira nur einmal aufgekocht, dann angerichtet.

Zur Espagnole bestreicht man den Boden einer tiefen Kasserolle halb Finger dick mit frischer Butter, legt 1 Pfund mageren rohen Schinken in Scheiben geschnitten darauf, dann 3-4 große, in Scheiben geschnittene spanische Zwiebeln, 1 Kalbsnuß, 2 alte Feldhühner oder 2 alte Tauben, 1 altes Huhn und etwaigen Abfall von rohem oder gebratenem Geflügel, gießt 2 Füllöffel Fleischbrühe darauf [gemeint ist Liebigs Fleischextrakt - Anm. d. Verf.] und stellt die Kasserolle auf schwaches Feuer, wo man das Ganze langsam einkochen und lichtbraun anziehen läßt, in-

des sei man recht aufmerksam, daß es nicht brenzlich werde. Dann wird Fleischbrühe aufgefüllt, zum Kochen gebracht, ganz rein abgefettet, einige gelbe Mohrrüben, Porree und Pastinak dazugetan und langsam gekocht. Unterdessen wird feines Mehl in 250 g frischer Butter 1 Stunde langsam auf schwachem Feuer lichtbraun geröstet, mit Fleischbrühe glatt und dünnfließend angerührt, zu der anderen Brühe getan und 2 Stunden lang ununterbrochen langsam gekocht, während man oftmals Fett abnimmt und das Ganze dann durch ein Haarsieb gießt, wieder aufs Feuer bringt, ½ Flasche Madeira hinzufügt und solches unter starkem Rühren so lange einkocht, bis eine klare, dickflüssige Brühe entstanden ist, der man zuletzt noch den Saft 1 Zitrone beifügt.

(Henriette Davidis: »Illustrirtes Praktisches Kochbuch für die bürgerliche und feine Küche. Neu bearbeitet von Helene Faber«, Berlin 1906)

* Dieses Rezept galt als äußerst fortschrittlich und modern, erleichterte es der Hausfrau die Arbeit doch vergleichsweise erheblich: Sie konnte bereits auf Fertigprodukte wie gekörnte Fleischbrühe und Büchsenfleisch zurückgreifen und musste letztlich nur noch die Sauce Espagnole zubereiten, deren Rezept zum Basiswissen jedes Kochs und jeder Köchin gehörte. Für Hausfrauen der Jahrhundertwende, die in großbürgerlichen Verhältnissen lebten, kein Problem: Töpfe, die so groß waren, dass man darin sogar einen Kalbskopf im Ganzen hätte kochen können, gehörten zum Repertoire jedes vorbildlich bestückten Haushalts.

8

»Passionate about food«

Die französische Kochschule und die Frauen

Vor der französischen Kochschule sei gewarnt: Die Damen gehen als Heimchen hinein und kommen als Genießerinnen wieder heraus. Es ist einer dieser Vormittage, an denen nicht nur am Boston Harbour, sondern auch in Fannie Farmers Boston Cooking School mehr als die übliche Betriebsamkeit herrscht. Miss Farmer fasst sich zum x-ten Male ins hochgesteckte Haar, ob das Kochhäubchen darauf auch ordentlich sitzt, streicht mit der Hand glättend über ihr Schürzenkleid und schiebt sich ihren Kneifer zurecht. Der Übersee-Passagierdampfer MS Touraine wird gleich im Hafen einlaufen – eines dieser schwimmenden Luxusgeschöpfe, die jetzt regelmäßig zwischen der Alten und Neuen Welt hin und her kreuzen und aus deren Bauch nach dem Festzurren der Taue ein Strom von Immigranten quillt, durchsetzt von einigen distinguierten Herrschaften aus England und Frankreich, New York oder Philadelphia, und manchmal, so wie heute eben auch: einem französischen Chef.

Miss Farmer hat ein Faible für französische Chefs. Diese etwas herrischen Monsieurs mit ihrem näselnden, schleppenden Englisch und der aufreizend unverhohlenen Distanz gegenüber allem Amerikanischen sind für sie die Inkorporation der schönsten aller schönen Künste: der Kochkunst à la française.

Seitdem Fannie Farmer 1890 zur Direktorin der Boston Cooking School ernannt wurde, würzt sie ihre Kochkurse für Fortgeschrittene gern mit der Anwesenheit solcher höheren Wesen, die ihren Schülerinnen die Weihen der Grande Cuisine verleihen. Miss Farmers Kochunterricht wird nicht nur von frisch verlobten jungen Fräuleins aus gutem Hause besucht, sondern auch von Immigrantenmädchen aus irischen und polnischen Bauernfamilien, die auf eine Anstellung als Küchenhilfe in reichen Ostküstenhaushalten hoffen. Miss Farmer hält peinlich auf Reinlichkeit und Ordnung; sie hat in ihrer Schule die Sitte etabliert, die Zutatenmengen in *cups* – Maßtassen – anzugeben, eine amerikanische Eigentümlichkeit, die bald in allen Haushalten der Neuen Welt Schule machen und Miss Farmer den Spitznamen »Mutter des gestrichenen Maßes« eintragen wird. Ihre Schützlinge erscheinen jeden Morgen in blütenweißer Montur – gestärkte Küchenschürze, weißes Häubchen –, aber gestern Abend hat sie den acht Schülerinnen der dritten Klasse nochmals eingeschärft: Zähne putzen, Fingernägel säubern, Haare bürsten. Die Eltern haben 15 Dollar für die Unterrichtseinheit bezahlt, das ist um 1900 selbst an der wohlhabenden Ostküste keine Kleinigkeit. Zwei Grundkurse haben die Mädchen bereits absolviert.

Sie haben gelernt, wie man Kartoffeln kocht und Kaffee filtert, Puddings rührt und Eier pochiert, aber mit der höheren Kochkunst nehmen sie erst ab dem dritten Kursus Fühlung auf. »Et voilà!« – es ist kurz nach elf, der Maître betritt die Schulküche, lüpft den Hut, begrüßt Miss Farmer mit angedeutetem Handkuss und wirft einen Blick in den Unterrichtsraum: Hoch wie eine Wand steht da die Schultafel hinter einem lang gestreckten Arbeitstisch aus Eiche, darauf Messbecher, Rührschüsseln, Schneebesen, Sülzenformen und Reinen aus Kupfer, die Schülerinnen in züchtiger Haltung um den Tisch gruppiert, rechter Hand Gusseisenherd und Spüle. Eine vorbildliche Einrichtung für eine Kochschule, wenngleich nach dem Dafürhalten des Maître eher bescheidenen Zuschnitts. Er ist auf der MS Touraine anderes gewohnt. Als Brigadechef für den Speisesaal erster Klasse verantwortet er während der zehntägigen Überfahrten jeden Abend zwölfgängige Diners, von den *Hors d'œuvre variés* bis zu *fromage* und *café*. Hier in der Kochschule, dessen ist er sich bewusst, wird er entschieden kleinere Brötchen backen müssen. »Madame« – der Maître schickt sich an, Miss Farmer seine Überlegungen darzutun: Ob er dem Geschmack der Ostküste seine Reverenz erweisen dürfe und den jungen amerikanischen Misses vielleicht die Zubereitung einiger lokalpatriotischer Bissen demonstrieren könne – gewürzt mit einer Prise französischem Raffinement? Es böte sich da zum Beispiel ein *homard* an ... Die amerikanische Ostküste sei ja bekannt dafür, vorzüglichen Hummer hervorzubringen, nun ja – vielleicht nicht ganz so vorzüglichen wie den Hummer aus der Bretagne, aber immerhin ... Und diese modische *création*, dieser, wie nennt er sich doch gleich? – *Waldorf-Pudding* – mit Walnüssen und Äpfeln, wäre auch eine Option, deliziös, aber nicht allzu kompliziert. Oder solle er doch mit den *Filets Mignon Lili* beginnen? Scheibchen vom Rinderfilet und von der Gänseleber, Artischocken,

Trüffeln, dazu ein kräftiger Schuss Madeira ... »Lieber Maître«, unterbricht ihn Miss Farmer freundlich, »verfahren Sie ganz nach Belieben. Die Schülerinnen dieser Klasse haben sich als recht begabt erwiesen.«

Familienschmaus im »Knickerbocker's«

Der Maître wird mithin den *Homard Thermidor* zubereiten lassen, den Dernier Cri der Hummergerichte jener Zeit. Einige prachtvolle *lobster* von der Küste Maines harren bereits im Vorratsraum der Schulküche ihrer Bestimmung. Unter den Argusaugen des Chefs werden die Mädchen lernen müssen, die widerspenstigen Krustentiere ins Kochwasser zu werfen und anschließend der Länge nach zu halbieren sowie eine Sauce Mornay zu montieren, eine mit Eigelb und Gruyèrekäse aromatisierte Béchamel. Sie müssen den Hummer sieden und ausnehmen, das Fleisch in mundgerechte Stücke teilen, diese mit der Sauce binden und wieder in den Panzer zurücklegen, und diese Komposition muss dann in einem Balanceakt gratiniert werden, sodass die Hummerstückchen zart bleiben und die Sauce Mornay nur eben einen Moment leicht übergrillt wird. Für die dritte Klasse durchaus

---

*Oben: Ursprünglich waren Kochschulen reine Hauswirtschafts-
schulen. Sie sollten junge Mädchen zu guten Hausfrauen
erziehen; aus einem Album einer Hauswirtschaftsschule, 1904.*

eine Herausforderung, aber Zeit ist keine zu verlieren. Die MS Touraine läuft übermorgen wieder aus, das Gastspiel des Maître in Miss Farmers Institut währt nur kurz. In zwei Wochen wird er wieder gesegneten Boden betreten – seine Heimat, über die Miss Farmer in einem ihrer Kochbücher schreibt: La France, »das Land der kulinarischen Verzückung, nach dem wir uns alle verzehren«.

Leidenschaftliche Worte. Ausgerechnet aus dem Munde einer Amerikanerin, einer überdies schon etwas ergrauten, weiblichen Eminenz mit Kneifer, ledigen Mittvierzigerin von gediegener Mittelklasseherkunft, Erzieherin, Schulvorsteherin, seit Kindertagen aufgrund eines Schlaganfalls leicht gehbehindert, einer der Ausschweifungslust unverdächtigen Person. Fannie Merritt Farmer kommt 1857, vier Jahre vor Ausbruch des Amerikanischen Bürgerkriegs, in Boston als Kind einer typischen Neuengland-Familie zur Welt: weiße Hautfarbe, protestantisch bis ins Mark und republikanisch gesinnt; der Vater, John Franklin Farmer, gilt als tüchtiger Mann. Das zupackende, robuste Wesen Fannies schlägt ganz nach seiner Art. Als sie mit dreizehn Jahren den Schlaganfall erleidet, lässt sie sich davon nicht beeinträchtigen. Sie arbeitet als Kindermädchen und in einer Lehrerinnenschule, schreibt sich für zwei Jahre an der Boston Cooking School ein, bringt es dort bis zur Assistentin und erweist sich als didaktisch und organisatorisch so versiert, dass man sie nach dem Tode der Direktorin zu deren Nachfolgerin bestimmt. Die Bostoner Gesellschaft damals empfand sich als elitär und war stolz darauf. Man gab sich alle Mühe, im alltäglichen Einerlei ein christlich-puritanisches Vorbild abzugeben. Die New Yorker Society mit ihrem aufstiegsorientierten Gehabe, ihrer Amüsierlust und ihren Kokettieren mit den Zügellosigkeiten der Alten Welt galt ihr als suspekt. Insofern darf man sich darüber wundern, was sich die Familie Farmer bei ihren regelmäßig stattfindenden Ausflügen nach Manhattan so alles erlaubt: Sie kehrt im Astor House und im feinen Restaurant Knickerbocker's ein, lässt für Kind und Kegel Eier in Gelee, Kalbsbries Lucullus und zum Dessert Coupe Caruso auffahren und diskutiert lebhaft mit den Kindern, ob die Brieschen à la mode gebraten und die Eier à point gegart seien. Eine Familie von Schleckermäulern, die für extravagante Speisen etwas springen lässt – die Pilgrim-Vorväter der Farmers hätten sich, um das Sündenregister der Familie zu schmälern, vermutlich noch mehr Askese auferlegt, wenn sie geahnt hätten, welche weltlichen Absurditäten sich ihre Nachkommen dereinst herausnehmen würden.

Diese frühe *éducation culinaire* der Fannie Farmer führte dazu, dass sie als Schulvorsteherin Wert darauf legen wird, ihren Schülerinnen Appetit auf die feine Lebensart zu machen. Bevor die Mädchen im sechsten und letzten Kurs in der Zubereitung von Krankenkost unterwiesen werden, müssen sie im fünften Kurs Geschick im Umgang mit Silber und Kristall, Damast und Dekor beweisen. In einem Schulraum von Miss Farmers Seminar steht ein Vitrinenschrank mit englischem und russischem Teeservice, Champagnerschalen, Burgunder-, Rheinwein- und Portweingläsern. 1911, vier Jahre vor Fannies Tod, besucht der Pariser Journalist Jules Huret (1863–1915) die Stadt Boston und schaut bei dieser Gelegenheit auch in der Cooking School vorbei. Hinterher schreibt er darüber eine Reportage mit dem Titel: *L'Amérique moderne*. Er mokiert sich darin zwar ein wenig darüber, dass bei Miss Farmer neben Mädchen der guten Gesellschaft auch irische Bauerndirnen in die feine Lebensart eingewiesen werden – eine genuin amerikanisch-demokratische Sitte, die dem feudalistischen Dünkel Europas damals ziemlich konträr gegenüberstand –, doch er hält auch anerkennend fest, dass hier nicht nur das Schälen von Kartoffeln, sondern auch die Kunst des *fine dining* vermittelt werde: »Die Zubereitung von Suppen und Braten wird ebenso gelehrt wie Nahrungsmittelkunde, Tischdecken und Servieren.« Ähnlich erstaunt dürfte der römische Ethnograf Tacitus gewesen sein, als er gewahr wurde, dass die plumpen Germanenbrüder so etwas wie Geselligkeitskultur besaßen.

Ein weiblicher Brillat-Savarin?

Die Vorbilder, die Fannie Farmer vor Augen hatte, als sie die Lehrpläne für ihr Institut entwickelte, waren ihrem Lebensstil nach wahrlich keine Landeier. In ihrem Kochbuch über Pfannen- und Rechaudgerichte (»Chafing Dish Possibilities«, 1911) rühmt Fannie beispielsweise den feinen Gaumen des französischen Königs Ludwig XV., den lustvollen Hunger Napoleon Bonapartes, das feinschmeckerische Raffinement der Salondame Madame Récamier sowie die Koch- und Bewirtungskünste der Schriftstellerin Madame de Staël – allesamt Franzosen. Dass eine Amerikanerin sich für die französische Küche begeistert, ja, mehr noch: durch den Kontakt mit der französischen Lebensart erst ihre eigentliche Bestimmung und somit zu sich selbst und zur Liebe findet, zählt inzwischen zu den Topoi der US-amerikanischen Literatur und speziell des US-Kinos. Die Rezeptur dieser delikaten Romanzen ist so simpel wie effektvoll: Eine Frau kommt als mehr oder weniger unscheinbares Entlein nach Paris oder lernt einen French Lover kennen, sträubt sich anfänglich gegen das pariserische Oh-là-là und dessen Verführungsmacht und geht, nachdem sie ihr Widerstreben aufgegeben hat, aus der Liaison mit Land und Leuten als schöner Schwan hervor, als erblühte, sinnenfrohe Frau. Man kennt das aus Filmen wie »Sabrina« (1954), »Funny Face« (1957, nach dem Musical von George und Ira Gershwin), »Green Card« (1990), »French Kiss« (1995) und, ganz aktuell, aus »Julie & Julia« von Nora Ephron, einer amüsanten Interpretation des Lebens von Julia Child, Fernsehköchin und Kochbuchautorin, deren Bestseller »Mastering the Art of French Cooking« von 1961 bis heute in Amerika als Bibel der französischen Küche gilt.

Zufällig ist die Frankophilie der Amerikanerinnen keineswegs. Sie ist älter als Hollywood, älter als Fannie Farmers Cooking School. Sie geht bis in

die Zeit des Amerikanischen Bürgerkriegs zurück und hat ihre Wurzeln in evangelikalen Strömungen, die im 19. Jahrhundert das gesellschaftliche Gefüge der USA veränderten.

In der Geschichte der Gastrosophie gibt es nur wenige Schriftsteller, die über das Essen und Trinken gleichermaßen mit Humor, Kennerschaft, Liebe zum Sujet und beißender Kritikfähigkeit schreiben konnten. Alle diese Eigenschaften vereinte Jean Anthèlme Brillat-Savarin in sich, der französische Richter und Staatsbeamte. Er gilt als der vielleicht begnadetste Feinschmecker aller Zeiten, nicht zuletzt dank seiner herausragenden Begabung, die eigene Genusssüchtigkeit mit feiner Selbstironie zu betrachten. Seine »Physiologie des Geschmacks«, die 1826 in Paris erschien, funkelt vor Esprit. Mit diesem Buch begann in Europa das Zeitalter der Gastrosophie. Von nun an war auf dem gesellschaftlichen Parkett immer öfter ein neuer Menschentypus auszumachen: der in kulinarischen Dingen bewanderte Bourgeois, dem die Feinschmeckerei nicht nur Statussymbol ist, sondern Ausdruck von kultivierter Lebenslust und gesellschaftlichem Schliff, mit einem Wort: von Bildung.

Brillat-Savarin hatte unter anderem regelmäßig bei Madame Récamier zu Tisch gesessen, jener von Miss Farmer bewunderten Pariser Salonnière, mit der sich, wie er schrieb, überaus genüsslich über die Zubereitung einer *omelette au thon* fachsimpeln ließ, genauer: wie man seinen Koch dazu bringe, eine solche Omelette »hoch wie ein Soufflé und rund wie eine Torte« zu backen. Brillat-Savarin starb am 2. April 1826 in Paris, drei Jahre nachdem im Staate Connecticut die erstaunliche Karriere der Catharine Esther Beecher begonnen hatte, der ersten und in gewisser Hinsicht einflussreichsten Gastrosophin der Neuen Welt, einer Cousine im Geiste Brillat-Savarins. Catharine entstammte einer presbyterianischen Predigerfamilie. Sie kämpfte mit Verve, sarkastischem Humor und Sendungsbewusstsein für die Verfeinerung der amerikanischen Küche.

Oben: »Gestern wir haben gelernt, wie man korrekt bereitet kochend Wasser. Heute wir werden lernen, wie man korrekt aufschlägt ein Ei.« (Audrey Hepburn als Sabrina in dem gleichnamigen Film von Billy Wilder, USA 1954).

Französisch und Latein, Arithmetik und Chemie

»Man nehme ein Pfund denkbar unverdaulichster Grundsubstanzen, forme sie zur Kanonenkugel und zünde sie an – fertig ist der Plum Pudding der Engländer. Hingegen wir in Amerika: Dank unseres klaren Himmels und sonnigen Klimas haben wir ein geschmackssicheres, feinsinniges Temperament ausgebildet. So fühlen wir uns den Franzosen weitaus näher als unseren englischen Vorvätern, diesen antriebsschwachen, griesgrämigen Naturen, deren Gemüter vom Dasein auf einer nebligen Insel umwölkt waren«, schrieb Catharine Beecher 1869 in ihrem Standardwerk für die amerikanische Hausfrau »The American Woman's Home or Principles of Domestic Science«. Catharine war ein Kind der Jahrhundertwende, geboren am 6. September 1800 auf Long Island im Staate New York. Als das Buch erschien – eines der vielen, die sie geschrieben hat –, war sie 69 Jahre alt. Zu der Zeit gab es in Amerika kaum jemanden, der noch nicht von Catharine Beecher gehört hätte, kaum eine Frau, die nicht wenigstens eines ihrer Bücher gelesen hätte. Und kaum keine Frau, die ohne das Engagement der Catharine Beecher das erhalten hätte, was heutzutage als Selbstverständlichkeit gilt: eine gute Schulbildung. Beecher war eine der einflussreichsten Pionierinnen des öffentlichen Mädchenschulwesens in Amerika und eine Vorreiterin des Frauenstudiums. Sie war eine Zeitgenossin der Henriette Davidis und hatte wie diese als Erzieherin gearbeitet. Die politischen und gesellschaftlichen Verhältnisse in Amerika ermöglichten es ihr jedoch, diese Voraussetzungen in eine fulminante berufliche Karriere münden zu lassen, die Maßstäbe setzte und gesellschaftliche Veränderungen anschob. Die Vereinigten Staaten von Amerika waren damals bereits eine ungleich offenere Gesellschaft als die deutschen Kleinkönigreiche, Fürsten- und Herzogtümer des Biedermeier. Seit 1787 hatten die USA eine demokratische bundesstaatliche Verfassung. Der gesellschaftliche Aufstieg stand jedem Einwanderer frei; was zählte, war Leistung, nicht Herkunft. Der Selbstentfaltungsdrang der europäischen Siedler kannte kaum Grenzen: Die *frontier*, die Grenzregion zwischen dem Land der amerikanischen Ureinwohner und den Siedlungen der Einwanderer, wurde beständig Richtung Pazifikküste vorgeschoben, Jahr um Jahr wurden neue Landstriche urbar gemacht, neue Kirchen errichtet, neue Gemeinden gegründet. Die Neukultivierung des nordamerikanischen Kontinents lag gleichermaßen in den Händen der Männer wie der Frauen. Raue Zeiten. Der Selfmademan machte das Rennen. Und die kluge Selfmadewoman nutzte ihre Chance.

Wie in Europa, so haperte es auch im Amerika der frühen Jahre an der Schulbildung, vor allem für Mädchen. Die Kinder wurden, mal schlecht, mal recht, zu Hause unterrichtet, es gab Sonntagsschulen, kirchliche Lese- und Schreibstunden. Catharine, ältestes von dreizehn Kindern, wurde bis zum Alter von zehn Jahren von Mutter und Vater unterrichtet. Der Vater Lyman Beecher war ein angesehener presbyterianischer Geistlicher, weithin geachtet für sein sozialreformerisches Engagement. Bildung stand bei den Beechers hoch im Kurs; die calvinistische Lebenshaltung der Familie verlangte nach Lesekenntnissen, um die Bibel studieren und praktisch auslegen zu können. Die in Frankreich und Schottland im 16. Jahrhundert gegründeten Presbyterianergemeinden zählen zu den zahlreichen religiösen Gruppierungen innerhalb der reformierten Kirche,

cher Stowe 1851, im Alter von 40 Jahren, ihren Roman »Onkel Toms Hütte«.

Er wurde ein Weltbestseller, und viele damalige Zeitbeobachter schrieben es unter anderem auch dem Erfolg dieses Romans zu, dass die Antisklavereibewegung der amerikanischen Nordstaaten zusätzlichen Auftrieb erhielt. Catharine verstand sich ebenfalls darauf, eine flotte und spitze Feder zu führen. Sie nutzte das Talent, um ihren Traum von einer besseren Gesellschaft in die Tat umzusetzen. Die Erfahrung ihrer Kindheit, »dass junge Frauen nicht die gleiche Erziehung erhalten wie junge Männer«, empfand sie weniger als persönliches, denn als gesellschaftliches Defizit. Bis an ihr Lebensende ließ sie nicht locker, Gott und die Welt davon zu überzeugen, dass Mädchen eine umfassende Ausbildung in öffentlichen Schulen erhalten müssten und dass Amerika ein flächendeckendes Netz von Ausbildungsinstituten brauche, in denen Frauen zu qualifizierten Lehrerinnen herangebildet würden. Sie sollte die erste Frau Amerikas werden, der es in größerem Maßstab gelingen würde, die weibliche Erziehung zur Häuslichkeit mit einer öffentlich etablierten Schulausbildung zu verknüpfen.

1824 gründet Catharine in einem Wohnhaus an der Mainstreet ihres Heimatortes Hartford in Connecticut das Hartford Female Seminary. Sie stellt muttersprachliche Lehrerinnen für Französisch und Italienisch ein, lässt ihre Schülerinnen Vergil im lateinischen Original lesen und setzt Griechisch, Arithmetik, Chemie und Gymnastik auf den Stundenplan. Die Schule erregt Aufsehen; schnell erwirbt sie sich den Ruf, eine ausgezeichnete Bildungsstätte zu sein. Als der Vater 1832 an das Theologische Seminar in Cincinnati berufen wird, zieht Catharine mit ihm und der Familie in den Bundesstaat Ohio und grün-

die im Geiste des evangelikalen Protestantismus wirken. Danach gilt die Botschaft des Neuen Testaments als absolut. In der bibeltreuen Sphäre evangelikaler Protestantenfamilien hielt man die Kinder zum Studium des Neuen Testaments an, um sie auf das Leben vorzubereiten. Die Verinnerlichung der protestantischen Lehre sollte mehrere Zwecke erfüllen. Sie war Lese-, Schreib- und Rhetorikschulung und diente als Einweisung in die christliche Lebensführung.

In diesem Sinne genoss Catharine Beecher als junges Mädchen eine respektable Grundbildung. Trotzdem litt sie – wie ihre jüngere Schwester Harriet im Übrigen auch –, spürbar darunter, keinen Zugang zu den damals als »männlich« empfundenen Fächern Latein, Griechisch, Mathematik und Chemie zu erhalten. Zwar durfte sie mit elf Jahren eine private höhere Mädchenschule besuchen, doch die Ausbildung dort empfand sie als unzureichend. Ihr Talent konnte sich mit Schönschrift, Handarbeiten und Haushaltsführung alleine nicht zufriedengeben. Auch die Begabung der Schwester drängte nach einer schöpferischen Ausdrucksform. Nach Jahren des Selbstzweifelns und Ringens um die Balance zwischen christlicher weiblicher Selbstbescheidung und persönlicher Entfaltung veröffentlichte Harriet Bee-

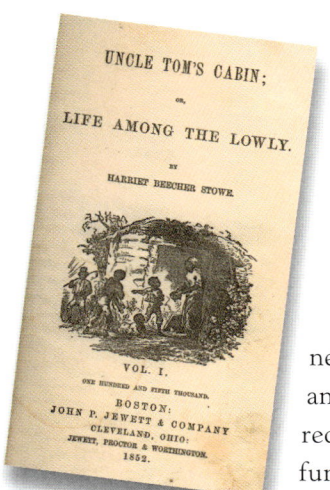

det dort das Western Female Institute, eine Lehrerinnenschule, die als Modell für weitere Schulgründungen dient. Es gelingt ihr, Pfarrer und Bürgermeister vieler Gemeinden von ihrer Mission zu überzeugen, dass die Erneuerung der amerikanischen Gesellschaft von gut ausgebildeten Frauen und Erzieherinnen ausgehen werde. Sie lässt nicht locker, organisiert Spendensammlungen und schickt in alle Himmelsrichtungen ihre so charmanten wie hartnäckigen Bittbriefe. Mit Erfolg: In den 1840er-Jahren kann sie das Board of National Popular Education und The Ladies Society für Promoting Education in the West ins Leben rufen und mithilfe von Spendengeldern weitere Mädchenschulen und Lehrerinnenseminare in den Bundesstaaten Iowa, Illinois und Wisconsin gründen. Mitte des 19. Jahrhunderts ist Catharine Beecher die einflussreichste Vorkämpferin der amerikanischen Schulbewegung, eine Position, die sie mit der Gründung der American Woman's Educational Association 1852 endgültig besiegelt. Die »Association« arbeitet an der Frontier. Sie soll dafür sorgen, die Mädchen- und Frauenschulen von Catharine Beecher in den Weststaaten zu etablieren.

Kluge Frauen kochen besser

Dass Fannie Farmer das Fach Chemie auf den Stundenplan ihrer Kochschule setzte und französische Chefköche als Lehrer beschäftigte, ist auch eine Folge der pädagogischen Tradition, die Catharine Beecher ein halbes Jahrhundert zuvor begründet hatte. Beecher kämpfte für die gesellschaftliche Akzeptanz eines neuen Frauenbildes – nicht mit den politischen Mitteln einer Suffragette, sondern im Geiste einer reformierten, protestantischen Gesellschaft. Ihrem evangelikalen Weltbild nach waren Frauen und Män-

ner als von Gott gleich geschaffene Wesen anzuerkennen. Das Postulat der Gleichberechtigung verstand sie in einem religiös fundamentierten Sinne als Aufforderung, die Talente von Frauen in dem gleichen Maße zu fördern, wie es für Männer üblich war. Sie hielt es für ein entschieden weibliches Talent, Häuslichkeit schaffen zu können. In diesem Sinne empfand sie vor allem die Kochkunst als Ausweis fraulichen Selbstbewusstseins und weiblicher Kompetenz. Frauen, die schlecht kochten, Frauen, die in häuslichen Dingen unbeholfen seien, Frauen, die nicht umfassend ausgebildet würden, beraube man ihrer Ansicht nach des Rechts, ihre geschlechtsspezifische Begabung voll auszuschöpfen. Eine Frau, die nicht kochen kann, war nach Beechers Dafürhalten nicht wirklich emanzipiert.

Diese Überzeugung wurde zum Motor ihres leidenschaftlichen Kampfes für eine bessere Küche. In ihrem heiligen Zorn auf das miserable Essen ihrer Landsleute konnte Catharine Beecher bissig werden wie ein Höllenhund. Sie war der Auffassung, eine lieblose Küche verletze grundlegende christliche Werte. Nur wenige Dinge, bemerkte sie einmal, trügen so zu Gesundheit und Glück bei, wie ein gut gekochtes Essen. Just daran aber, schimpfte sie, mangele es in Amerika auf jämmerliche Weise. Schon bald nachdem sie mit ihren ersten Lehrinstituten erfolgreich war, hatte sie begonnen, ihre Vorstellungen von einer neuen Pädagogik und Esskultur in Büchern darzulegen. Eines ihrer erfolgreichsten sollte das 1841 erschienene »A Treatise on Domestic Economy« wer-

---

Linke Seite: Wegbereiterinnen der weiblichen Gourmandise: Die französische Salonnière Madame Récamier (li.; auf einem Gemälde von François Gérard, 1802) und die amerikanische Bildungspionierin Catharine Beecher.

den. Es machte Catharine berühmt, weil es das erste umfassende, praktische Haushaltungsbuch für amerikanische Familien war. Und weil seine Sprache so hitzig war, dass sie keine Leserin kaltließ. Sie ließ bereits jenen leidenschaftlichen, von Sarkasmus und Provokationslust durchsetzten Tonfall erkennen, in dem Catharine 1869 in *The American Woman's Home* schließlich zur Generalabrechnung mit der puritanischen Esskultur anheben sollte. Ihr Temperament ließ sie sich regelrecht in Rage schreiben: »Monstrositäten« würden in amerikanischen Haushalten in den Kesseln zusammengekocht, wetterte sie. Die Enkel der Pilgrimväter fänden nichts dabei, sich an verkohlten, unförmigen Fleischklumpen gütlich zu tun, die nur entfernt Ähnlichkeiten mit Essbarem erkennen ließen. Wer als Reisender durch die amerikanischen Lande ziehe, müsse an den Tischen der Gasthäuser mit achtlos zusammengerührtem Mischmasch vorliebnehmen, mit zu Brei zerkochtem Gemüse, wässrigen Eintöpfen, ranziger Butter und säuerlichem, unverdaulichem Backwerk, dessen Teig noch nie ein Bröckchen Hefe gesehen habe und das man seltsamerweise unter dem Namen »Brot« unter

die Leute bringe. Die wirklich guten Dinge würfen die amerikanischen Metzger in den Abfall, weil amerikanische Hausfrauen, anders als die französischen, mit saftigen Fetträndern vom Rindfleisch, mit Innereien und Knochen nichts anzufangen wüssten. Was für eine Verschwendung! Welch ein Mangel an Sorgfalt und Liebe zu den gesunden Lebensmitteln, die dieses von Gott begünstigte Land doch hervorbringe! In Amerika wüchsen die schönsten Gemüsesorten, pralle, saftige Tomaten, nahrhafte Bohnen und süße Kartoffeln, knackige Gürkchen, Kürbisse und Mais, und dann diese Auberginen, die man doch eigentlich in Scheiben schneiden und herrlich knusprig frittieren könnte ... Weshalb die Amerikaner diese wundervollen Geschenke der Indianer nicht mit mehr Sachverstand nutzten? Weshalb sie mit der Fülle der Leckereien, die der Boden hervorbringe, nicht mit mehr Delikatesse umzugehen verstünden? Wenn man aber Amerikaner auf diese Armut an kulinarischem Feinsinn anspreche, bekäme man nur schnippische Antworten zu hören: »Oh! Wir in Amerika können mit diesem Firlefanz, diesem französischen Schnickschnack nichts anfangen!« Doch weshalb ei-

gentlich nicht? Amerikanische Butter schmecke, als sei sie von Kobolden verhext: ekelhaft, immer ranzig, immer säuerlich. Dagegen die Grundnahrungsmittel der Franzosen! Die einfachsten Dinge dort seien frisch und elegant. Das Brot luftig und duftig, die Suppen nahrhaft, aber nicht mit Piment und Chili überwürzt, wie in Amerika üblich, die Omelettes flaumig, und französischer Kaffee sei Kaffee, und nicht irgendein Aufguss aus gerösteten Erbsen oder Roggenkörnern. Und dann die französische Butter! Diese Butter! Süß, sahnig, eine Offenbarung. Amerikanisches Brot, amerikanische Butter, amerikanischer Tee und Kaffee dagegen seien Mordanschläge. Nur Wilde könnten so etwas verkraften. Es sei an der Zeit, dass endlich gut ausgebildete, feinsinnige Frauen den amerikanischen Familientisch zu einer Insel der kulinarischen Glückseligkeit machten: »Jede wirklich kultivierte Frau wird das selbst gebackene Brot zur Königin ihres Küchenreichs küren.«

»Kochen ist wie lieben«

Mit solchen und ähnlichen Tiraden pflanzte Catharine Beecher in die Gemüter der amerikanischen Mädchen und Frauen im frühen 19. Jahrhundert einen Keim, der bis heute Früchte trägt. Anders als in manchen ebenfalls zutiefst calvinistisch geprägten europäischen Ländern, löste sich in Amerika der kulturelle Widerspruch zwischen Protestantismus und Gastrosophie bereits in einem vergleichsweise frühen Stadium auf. Beechers kraftvolle Fürsprache für die kulinarische Kompetenz von Frauen machte den Weg frei für eine weibliche Genusskultur, in welcher die Freuden des Körpers nicht zwangsläufig als des Teufels erachtet wurden. Auf diesem Boden konnte eine weibliche Gastrosophie Blüten treiben. Das beredte Schwelgen in genussvollen Esserfahrungen und das

Reisen zu fremden Kochtöpfen wurde in Amerika bereits früh auch von Journalistinnen und Schriftstellerinnen gepflegt. Die amerikanische Autorin Kathleen Flinn bringt diese Tradition in ihrer 2007 erschienenen autobiografischen Erzählung *The Sharper Your Knife, The Less You Cry* prototypisch zum Ausdruck: »*I have been passionate about food and cooking since I was a little girl.*« Indem Beecher den Grundstein für eine weibliche Ausbildung legte, die Kenntnisse in Physik, Chemie und alten und neuen Sprachen als Rüstzeug für eine kultivierte Lebensführung vorsah, befreite sie die Frauen aus dem Dunstkreis einer Kochkunst, die nicht über den Rand des Eintopfkessels hinausreichte. Sie empfand Mitleid mit Frauen, deren kulinarischer Horizont »nicht größer als ein Pudding« sei.

In ihrer 1977 erschienenen Studie *The Feminization of American Culture* würdigt die amerikanische Literatur- und Kulturwissenschaftlerin Ann Douglas das widersprüchliche Wirken Beechers: Sie zähle zu jenen Vorkämpferinnen der Frauenrechte, »die feministische Ziele mit teilweise antifeministischen Mitteln« durchgesetzt hätten. Auch aus heutiger, postfeministischer Sicht wäre es sicher lohnenswert, über Beechers Philosophie, der Weg zur weiblichen Emanzipation führe durch die Küche, differenziert zu streiten. Unbestreitbar indessen erscheint ihr Beitrag zu einer psychologischen Emanzipation der amerikanischen Gesellschaft. Bei aller kampfeslustigen Polemik schlug Catharine Beecher in ihren Schriften immer wieder auch einen leisen, berührenden Ton an. In *The American Woman's Home* resümiert sie das kollektive Leiden ihrer Zeitgenossen an den Herausforderungen der Neuen Welt. Die Gefahren der Auswan-

Linke Seite: Kochschulen trugen mit dazu bei, dass junge Frauen Gefallen am Genuss fanden; Kochschule des Berliner Hausfrauenvereins, nach einer Zeichnung von Carl Koch, 1883.

derung, der Neuorientierung in fremder Umgebung und die Kämpfe an der Frontier hätten die Menschen mehrheitlich gefühlskalt, hart gegen sich selbst und unfähig zu freudvoller Euphorie werden lassen. Die puritanische Erziehung der Vorväter mit ihrer Gefühlsstrenge und bis zur Bizarrerie betriebenen Askese, so ihr Urteil, wirke als unheilvolles Erbe in der kollektiven Psyche nach. Die Ausbildung der Kinder, schlussfolgerte sie, müsse auch an diesem Punkte ansetzen. Eine neue Lehrerinnengeneration solle die Kinder zu Angstfreiheit erziehen, sie dazu befähigen, ihre Gefühle frei und unerschrocken zu äußern und ihnen den Zugang zu freudvollem Lebensgenuss eröffnen. Mit dieser Forderung grenzte sich Catharine Beecher von der calvinistischen Mäßigkeitsphilosophie ihrer Vorgänger ab. Sie trug mit dazu bei, einer Kultur der *feelings*, die auch Überschwang und Sentimentalität nicht scheut, Tür und Tor zu öffnen. Als George Gershwins Rhapsodie *Ein Amerikaner in Paris 1928* in der New Yorker Carnegie Hall uraufgeführt wurde, hatten die Amerikaner den Sehnsuchtspfad ins gelobte Land Frankreich längst beschritten. Das Rezept für einen lustvollen *Way of Life* kannten sie ebenfalls. Die Journalistin Harriet Van Horne beschrieb es in der US-*Vogue* 1956 folgendermaßen: »Kochen ist wie lieben. Man macht es entweder mit Hingabe, oder man lässt es bleiben.«

Bifteck à l'anglaise
(englisches Beefsteak)

Ein Rezept aus dem Buch »*Le Cuisinier des Cuisiniers, 1.000 Recettes de Cordon-Bleu*«*

ZUBEREITUNG

Das Fleischstück von allen Sehnen und Häuten befreien. Das Fleisch selbst darf ruhig ein wenig fett sein. Sobald es sauber pariert ist, wird es mit Salz und grob zerstoßenem schwarzem Pfeffer eingerieben und anschließend rundum mit zerlassener, warmer Butter beträufelt. Danach grillt man es und serviert es anschließend entweder mit einer Anchovisbutter oder mit einer Sauce Piquante mit Zwiebeln und Petersilie oder mit etwas klarem Fleischfond - ganz nach Belieben. Sehr gut passen dazu Bratkartoffeln, die man in Butter schön goldbraun brät. Man sollte darauf achten, dass das Fleisch stets bei großer Flamme gebraten wird, es soll innen noch blutig sein. Man lässt es vor dem Servieren kurz rasten, damit sich der Fleischsaft im Inneren schön verteilt.

---

* Das Kochbuch erschien 1885 in Paris. Es enthält eine Zusammenstellung von Rezepten der klassischen Grande Cuisine im Stile Carêmes, allerdings in etwas vereinfachter Form. Im Anhang findet sich überdies eine Sammlung von Rezepten für Krankenkost, was ebenfalls als Indiz dafür gewertet werden kann, dass sich dieses Buch an die bürgerliche Hausfrau und nicht an Profiköche richtete. Der Zusatz »Cordon-Bleu« kann nicht als Hinweis auf die im Jahre 1895 gegründete, weltberühmte Pariser Kochschule Le Cordon Bleu verstanden werden. Die Wendung war zu jener Zeit vielmehr ein gängiger Hinweis auf eine gutbürgerliche, weibliche Küche — eine Küche à la bonne femme. Im 19. Jahrhundert bezeichnete man eine erfahrene, in allen Küchentechniken bewanderte Haushaltsköchin umgangssprachlich oft als »Cordon Bleu«.

9

Mylady Middlesex macht Käse aus Morgenmilch

Von den Gaumenfreuden in englischen Herrenhäusern

Am Abend des 9. Mai 1899, kurz vor halb neun Uhr, gehen in der Beletage des Stadthauses der Bessboroughs am Londoner Eaton Square die Lichter an. Lord und Lady Bessboroughs Diener und Hausdame treffen letzte Vorbereitungen für ein Abendessen. Auf den Kandelabern im Speisezimmer werden Kerzen angezündet, und der prüfende Blick der Hausdame gilt der Blumendekoration auf dem Esstisch, den ersten Schlüsselblumen und Veilchen des Frühjahrs, die in zierlichen Vasen stecken. Zwei Stockwerke tiefer mischt sich derweil der Geruch gebratener Wachteln und Hammelkeulen mit der Gluthitze des Holzkohlenherds, und die Ausdünstungen dampfend heißer Bratenstücke, kochenden Gemüses und schwitzender Küchenmädchen tauchen die Räume der Dienerschaft im Souterrain in feuchten, englischen Küchennebel. Lord Edward

Duncannon, der Achte Viscount of Bessborough, und seine Gattin Blanche, Viscountess of Bessborough, erwarten Gäste zum Dinner. Lord Sandwich wird zugegen sein und auch ein Spross aus der Churchill-Familie, und Ihre Königlichen Hoheiten Prinz und Prinzessin von Dänemark haben ebenfalls ihr Kommen zugesagt. Es wird ein Zusammentreffen in freundschaftlicher Runde. In wenigen Minuten werden die Herrschaften im Speisezimmer ihre Plätze einnehmen und sich an den gediegenen Köstlichkeiten der englischen Küche laben. In Absprache mit ihrer Köchin hat Lady Blanche für diesen Frühlingsabend Seezungenfilets mit Kalbfleischsoufflé, Wachteln mit Spargel und Hammel mit Salat vorgesehen.

Das »Dinner Book of Blanche, Lady Duncannon« zählt zu den Ausstellungsstücken von Standsted House, dem Landsitz der Familie Bessborough in der

englischen Grafschaft Hampshire. Das Haus ist zu besichtigen; das Büchlein liegt auf einer Kommode im Esszimmer. Lady Blanche hat darin Menüfolgen notiert und die Namen ihrer Gäste, deren Platzierung bei Tisch sowie Details über den Blumenschmuck verzeichnet. Die Sprache ihrer Menükarten war Französisch. Die Speisen, die sie servieren ließ, waren englisch. Und zwar durchaus im wörtlichen Sinne: bis auf die Knochen. Dem damaligen Geschmack entsprechend, ließ die Viscountess die handfesten Produkte der englischen Landwirtschaft in unverkünstelter, weitgehend urwüchsiger Pracht auf die Tafel setzen. Es entsprach dem Ideal eines gastfreien Haushalts der englischen Oberschicht, den Hammel Hammel und die Wachteln Wachteln sein zu lassen, und das Fleisch nicht etwa wie bei den französischen Ragouts vor dem Schmoren in mundgerechte Stücke zu zerteilen oder aus purer Dekorationslust in einem Bett aus Aspik zu versenken. Der Sinn des Kochens hatte nach dem Dafürhalten der Inselbewohner darin zu bestehen, Grundsubstanzen ihrer Roheit zu berauben und sie in einen gekochten und somit verdaubaren Zustand zu überführen – eine Technik, die insbesondere bei der Zubereitung von Gemüse in englischen Küchen mit bemerkenswerter Hingabe betrieben wurde. Weich gekochtes Gemüse entsprach einer verbreiteten Vorliebe; es wurde zur Verfeinerung mit einem Stich Butter geadelt. Dass Lady Bessborough ihren Gästen gleichwohl ein Kalbfleisch vorsetzen ließ, welches von der Köchin unter Zuhilfenahme von viel Eiweiß und einer gehörigen Portion Schaumschlägerei in den locker flockigen Zustand eines Soufflés versetzt worden war, erscheint in diesem Zusammenhang beinahe als Frivolität.

Das Vergnügen der englischen Upperclass an den eher frugalen Genüssen war für Satiriker vom Schlage eines William Makepeace Thackeray (1811–1863) ein gefundenes Fressen. Thackerays fein ziselierter Witz trug unter anderem zur Berühmtheit des Magazins *Punch* bei, und dort erschien ab 1846 auch seine Kolumne *The Snobs of Britain*. Darin schildert er mit heiter gefärbter Boshaftigkeit, wie der Londoner Gentleman »Snob« einen Besuch auf dem Lande unternimmt und sich in der Grafschaft Mangelwurzelshire im Landhaus Immergrün des Major Ponto und seiner Familie der Gastfreundschaft erfreut. »Immergrün«, lässt Thackeray seinen Mr Snob schwärmen, sei das »vollkommene Paradies«. Die Luft dufte nach einem großen Blumenstrauß, das Bettzeug im Wäscheschrank dufte nach Lavendel, die Bettvorhänge und das Sofa dufteten zwar nicht nach Blumen, seien aber »mit Blumen über und über bedruckt.« Als Gastgeschenk hatte Mr Snob für Mrs Ponto einen Kabeljau mitgebracht: »... er war dazu ausersehen, Abwechslung in das Einerlei des Menüs zu bringen; so wurden uns also Kabeljau mit Austernsoße und als zweiter Gang gesalzener Kabeljau mit gebackenen Austern vorgesetzt, woraus ich zu schließen geneigt war, dass das Haus Ponto die gleiche Vorliebe für abgestandenen Fisch wie unser verewigter, allverehrter König Georg der Zweite hat.« Nach dem Kabeljau, vergisst Mr Snob nicht zu erwähnen, habe man ihm als dritten Gang einen Hammel vorgesetzt.

Linke Seite: Oben wurde diniert, unten geschuftet: In herrschaftlichen Häusern lagen die Küchen meist im Souterrain; Gemälde von John Strickland Goodall, 20. Jh.
Oben: Loseley House Surrey, Lithografie einer Zeichnung von F. W. Hulme, 1840er-Jahre.

40 Pfund für die Köchin

Mangelwurzelshire ist der Inbegriff des englischen *locus amoenus*: Liegt da wie hingegossen, mit molligen, weichgezeichneten Hügeln, auf denen Haferfelder wogen. Wildrosenhecken und Kastanienalleen erquicken das Auge des Stadtmenschen. Aus dem Schoß ihrer fruchtbaren Krume bringt diese liebliche Landschaft lebendige Fülle hervor: Feldfrüchte und Obst, Blüten und Kräuter. Schafe weiden auf den Wiesen, das Gras, das sie fressen, macht ihr Fleisch schmackhaft und fett. Als Sir Harry Fetherstonhaugh (1754 bis 1846), der einstige Geliebte Lady Hamiltons, nach einer Karriere als Schwerenöter im Alter von 71 Jahren dem Gesang einer Milchmagd erliegt und um die Hand des Mädchens anhält, bittet er sie, ihre Einwilligung mit einer Geste von bukolischer Grazie kundzutun: Sie möge ihm den Hammelbraten zum Abendessen nicht am Stück servieren, sondern eine Scheibe davon abschneiden, als Zeichen ihrer Einwilligung – bleibe der Hammel im Ganzen, bedeute dies Nein. Sir Harrys Landsitz Uppark war so weitläufig bemessen, dass dort 50 Cottages Platz fanden, für die Familien seiner Landarbeiter, Schäfer und Wildhüter. Uppark Haus und Park liegen, von der Straße nicht einsehbar, in der südenglischen Hügellandschaft der South Downs, inmitten von Wäldern und Feldern auf einer Anhöhe, die sanft gen Süden abfällt und über ausgedehnte Rasenflächen den Blick Richtung Meer lenkt. Man sieht zwar die englische Südküste von hier aus nicht, aber man ahnt und spürt sie, denn der frische Seewind bürstet den teppichdicken Rasen alle paar Minuten gegen den Strich. Obwohl Sir Harry der Nachwelt eher als Lebemensch denn als Bauer in Erinnerung geblieben ist, hält sich sein Ausspruch: »Der größte Vorteil, den das Leben auf dem Lande mit sich bringt, ist das Vergnügen, eine Farm zu führen.« Harrys Jagd- und Reitleidenschaft, sein Appetit auf zartes Fleisch und süßen Rahm, sein Hang zu rustikalen Schwärmereien und sein nicht eben kleinräumiger Grundbesitz machen ihn zu einem idealtypischen Vertreter jener Sorte Edelmann, die charakteristisch ist für die englische Gesellschaft: Er ist ein Angehöriger der *gentry*, des landbesitzenden Adels. Ursprünglich, so der britische Soziologe Stephen Mennell, umfasste die Bezeichnung »Gentry« nicht wie im heute geläufigen Sinne nur den niederen Landadel, sondern jene Oberschicht, die ihr Einkommen aus Pachtzins, Hypotheken und Investitionen bezieht und ihr Land nicht selbst bewirtschaftet, son-

Schwerenöter und Societyschwarm: Sir Harry Fetherstonhaugh (1754–1846), Herr auf Uppark House, war kein Kostverächter; Gemälde von Pompeo Batoni, 1776.

dern von Bauern und Landarbeitern bestellen lässt. Der Grundbesitz der Gentry hatte sich im Laufe des 16. und frühen 17. Jahrhunderts beachtlich vergrößert; in dieser Epoche setzte sich bei königstreuen Familien die vom Könighaus gebilligte und geförderte Praxis durch, Ländereien, die ursprünglich als Allmende genutzt worden waren, zum persönlichen Besitz zu erklären und diese Inanspruchnahme durch *enclosures* zu markieren – das sind die Steinmauern und Hecken aus Buschwerk, die die Felderwirtschaft auf der britischen Insel heute noch so malerisch parzelliert aussehen lassen. Dieser von der Natur mit allerlei Annehmlichkeiten ausgestattete Grundbesitz aus Mischwäldern, Ackerböden, Bachläufen und Weihern bot der Gentry nicht nur die Gelegenheit, eigenes Wildbret und Süßwasserfische sowie Milch und Fleisch aus eigener Landwirtschaft auf den Tisch zu bringen, sondern auch die Spielarten der englischen *countryside* kulturell auszureizen. Sie entwickelte einen sehr eigenen Lebensstil, der sich in land- und forstwirtschaftlichen Liebhabereien, Jagdpartys und Reitvergnügungen, Sport und Angeln, Gartenlust

und ruraler Ästhetik ausdrückt – jenen identitätsstiftenden Chic aus Sattelleder, Picknickplaids und Maiglöckchenparfüm, der für die britische Oberschicht stilprägend wurde. Im 19. Jahrhundert gab es in England rund 700 Gentry-Dynastien, die jeweils mehr als 1000 Morgen Land besaßen, das sind nach heutigen Maßstäben mehr als 400 Hektar pro Familie. 1000 Morgen entsprachen nach damaligem Wert in etwa einem Jahreseinkommen von 1000 Britischen Pfund. So viel brauchte man, um den von landwirtschaftlichen Anforderungen bestimmten Alltag eines Lords so reibungslos wie möglich und so stilvoll wie nötig zu gestalten. Wer es sich leisten konnte, hielt sich eine *army of servants*, eine ganze Armee von Bediensteten. Die war in eine weibliche und eine männliche Brigade unterteilt und streng nach Rang geordnet. Pamela Horn, Historikerin an der Universität Oxford, sichtete für ihr Buch ›The Rise & Fall of the Victorian Servant‹ in Archiven die Personallisten einzelner Herrenhäuser. Der Familiensitz Englefield House in der Grafschaft Berkshire beispielsweise wies in den Jahren 1875 bis 1891 folgende Personalhierarchie auf:

Weibliche Bedienstete:

Hausdame
Köchin
Erstes Hausmädchen
Zweites Hausmädchen
Drittes Hausmädchen
Viertes Hausmädchen
Erste Wäschemagd
Zweite Wäschemagd
Dritte Wäschemagd
Vierte Wäschemagd
Küchenmädchen
Scheuermagd

Männliche Bedienstete:

Butler
Kammerdiener
Zweiter Butler
Erster Diener
Zweiter Diener
Reitknecht
Erster Kutscher
Hilfsdiener
Erster Gelegenheitsdiener
Zweiter Gelegenheitsdiener

Auffällig ist hierbei die Stellung der Köchin. Sie kommt gleich nach der Hausdame und ist dem persönlichen Kammerdiener des Hausherrn vom Rang her ebenbürtig. Sie verdiente auch vergleichsweise gut: 40 Britische Pfund pro Jahr. Ihr Küchenmädchen erhielt 14 Pfund, der Butler 80, die Hausdame 60. In anderen Haushalten bekamen Köchinnen teilweise deutlich weniger Lohn. Wie ein Vergleich verschie-

dener Archivakten ergab, konnte der Verdienst einer Köchin je nach Größe und Lebensstil eines Haushalts bei 11, 13, 17 oder 30 Pfund pro Jahr liegen, in manchen Häusern wiederum sogar 50 Pfund betragen, doch stellt diese Einkommenshöhe eine eher selten vorkommende Obergrenze dar. In der Regel gaben Haushalte von der Größe Upparks oder des eben zitierten Beispiels ein Zehntel ihres Jahreseinkommens für Personal aus. Die uns merkwürdig gering vorkommende Summe von elf Pfund für eine Köchin konnte sich dennoch nicht jeder Besitzer eines gepflegten Kricketrasens mit ein bisschen Wald drum herum und einem schmucken Häuschen darauf leisten. Ein Einkommen von 500 Pfund im Jahr galt als Voraussetzung, um wenigstens die standesgemäße Mindest-

❧

»Das englische >dinner< hat auf dem Lande seine eigene Stimmung. Etwas feierlich, aber nicht allzusehr. Mit netten, kleinen, soignierten Gerichten und Champagner, ein Glas, nicht zu viel.« (Helene von Nostitz, *»Aus dem alten Europa«*, 1924); oben: Charles Hunt, *»High Life Below Stairs«*, 1897.

ausstattung an Hauspersonal – ein Hausmädchen, ein Kindermädchen und eine Köchin – in Lohn und Brot setzen zu können. Ein Koch wäre einen Familienhaushalt wesentlich teurer zu stehen gekommen. Und ein Leibkoch französischer Provenienz, wie er in den royalen Kreisen Englands um 1800 in Mode war, hätte die finanziellen Mittel der großen Mehrheit des Landadels erst recht überstiegen. Der männliche Koch war nämlich mit einer Steuer belegt. Für weibliche Bedienstete musste ab 1792 im englischen Königreich keine Steuer mehr bezahlt werden; bis dahin wurde sie im Vergleich zu jener für männliche Bedienstete grundsätzlich niedriger veranschlagt. Die höhere Steuer für Köche und die Tatsache, dass die Industrialisierung Englands für die Männer vom Land vergleichsweise besser bezahlte Lohnarbeiterjobs in städtischen Fabriken vorhielt, trug mit dazu bei, dass englische Haushalte der Oberschicht seit Ende des 18. Jahrhunderts mehrheitlich Köchinnen einstellten. Das blieb nicht ohne Folgen für deren Reputation. Der Spielraum ihrer Befugnisse erweiterte sich; in liberalen Haushalten durften Köchinnen zunehmend über die Einteilung der Vorräte entscheiden, teilweise übertrug man ihnen sogar die Schlüsselgewalt für die Vorrats- und Wäscheschränke – ein Privileg, das ehedem ausschließlich der Hausdame zugebilligt worden war. Auch die Stellung der Köchin in der Hierarchie des Hauspersonals änderte sich: Die Köchin zählte nun in der Regel zu den *upper servants* – den Führungskräften unter den Bediensteten, und die aßen zum Beispiel in wohlhabenderen Haushalten ihren Hammelbraten von Porzellan- und nicht von Steinguttellern. Diese symbolische Anerkennung ließ englische Köchinnen durchaus selbstbewusst auftreten – zumindest innerhalb der Dienerschaft, wo es üblich war, die rangniedrigen Bediensteten ausschließlich beim Vornamen zu nennen. Im 19. Jahrhundert lautete die korrekte Anrede von Butler und Köchin be-

reits allenthalben: »Mr« und »Mrs«; die Hausdame, die unverheiratet zu sein hatte, wurde mit »Miss« angesprochen.

Upstairs, downstairs

Der Herrschaftsbereich der Köchinnen lag in einem Paralleluniversum, das, von der Welt der Herrschaft aus betrachtet, möglichst unsichtbar zu wirken hatte. Gleichwohl waren beide Lebensbereiche aufeinander bezogen; keiner der beiden wäre ohne den anderen denkbar gewesen. Diese Dialektik drückt sich heute noch in einem geflügelten Wort der englischen Sprache aus: *upstairs, downstairs* – die Welt »oben«, die Welt »unten«, aber so wortwörtlich war das nicht immer zu nehmen. Die Köchin Esther Chesterfield zum Beispiel, die in den 1850er-Jahren auf Uppark nach Harrys Tod für das leibliche Wohl seiner Witwe sorgte, hatte ihre Küche in einem Nebengebäude, das durch einen gemauerten Tunnel mit dem Hauptgebäude verbunden war. Der Tunnel verläuft knapp unterhalb der Grasnarbe und ist mit Fenstern ausgestattet, wirkt also nicht so ungemütlich wie die unterirdischen Gänge mittelalterlicher Burgen, die

gemeinhin zu den Folterkammern führten. Durch diesen Tunnel ließ Esther das Essen für ihre Herrin auf Holzwägelchen ins Haupthaus rollen. Die Wägelchen waren mit Behältern für glühende Kohlen versehen, damit die Speisen auf dem Weg zum Esszimmer nicht abkühlten. In den meisten herrschaftlichen Häusern Europas lagen die Küchen im Souterrain oder außerhalb des Wohngebäudes, und zwar ursprünglich aus rein praktischen Erwägungen: Man wollte die Feuergefahr, die vom offenen Herd ausging, vom Haupthaus fernhalten und sich die niedrigeren Temperaturen der Kellerlage zum Kühlen der Vorräte und Speisen zunutze machen. Überdies blieb die Sphäre der Herrschaften so von Küchengerüchen verschont. Treppauf wehte also ein anderes Lüftchen als treppab, und dieser Nebeneffekt erhellt, was dieses System aus Oben und Unten atmosphärisch bedeutete: Es kennzeichnete Standesgrenzen.

Die Welt »downstairs« funktionierte wie eine gut geschmierte Maschinerie. Die Küche war der Motor. Das Arbeitszimmer des Butlers war das Kontrollzentrum, die Räume der Hausdame die Schaltzentrale und die Arbeitsplätze der Diener, Stall- und Reitburschen, Küchen-, Milch- und Scheuermädchen das

Getriebe. Eine untergegangene Welt, die aus heutiger Sicht nicht ohne nostalgischen Reiz erscheint. Einst wurde hier mit Dingen hantiert, die mühsam herzustellen und nicht leicht zu ersetzen waren, hier wurden Handgriffe versehen und Arbeitsrituale gepflegt, die mit einer Sorgfalt für das Detail, gründlicher Materialkenntnis und Achtsamkeit einhergehen mussten. Das Arbeiten in dieser Versorgungszentrale war ein Schalten und Walten im Spannungsfeld von Wohlstand und Wirtschaftlichkeit, Wohlleben und Disziplinierung, Glamour und Strenge. In nahezu jedem Haushalt galt das gleiche strikte Regelwerk: Die Tischwäsche wurde von der Hausdame jeden Morgen aus einem verschließbaren Schrank geholt und nach sorgfältiger Prüfung an die Hausmädchen ausgehändigt, das Tafelsilber wurde vom Butler abgezählt ausgegeben und am Abend wieder in einen Tresor gesperrt. Und wenn der Scheuermagd beim Spülen eine Tasse kaputtging, musste sie diese ersetzen. Auf Standsted House, das ebenfalls in den South Downs liegt, ist dieses Universum heute noch so zu besichtigen, als wäre es gerade eben erst am Verglühen. Dem Besucher tut sich ein lebendiges Stillleben auf: Im Arbeitszimmer des Butlers riecht es nach Lederwichse und Wachspolitur, lädierte Reitstiefel stehen zum Bürsten und Ausbessern parat, auf seinem Schreibtisch warten Brille, Bleistift, Tinte und Haushaltsbuch darauf, benutzt zu werden, und sein Arbeitstisch sieht so aus, als sei er eben mit dem Silberputzen beschäftigt. Im Weinkeller daneben stapeln sich französische Bouteillen zwischen Stroh. Gegenüber, in der Küche, blinken die polierten Tiegel und Kasserollen der kupfernen *batterie de cuisine* in der schräg durch die Souterrainfenster einfallenden Nachmittagssonne. Die Steinfliesen sind frisch gekehrt, auf dem Küchentisch liegen aufgeschlagene Kochbücher. Küchenwaage, Nudelholz und Schneidbretter wirken, als seien sie vor Kurzem noch gebraucht worden. Im

Nebenraum, dem sogenannten *still room*, reihen sich Einmachgläser und Essigballons, Orangenschäler und Sirupflaschen, und ein »Stummer Diener«, ein schmaler, mechanischer Aufzug, ist für den Afternoon Tea mit einem Tablett bestückt, samt Spitzendeckchen und Tassen aus feinstem Knochenporzellan.

Der Still Room ist kleiner als die Hauptküche und doch ein Herzstück der Vorstellung vom girlandengeschmückten englischen Landhausstil. Die Verklärung dieser Ästhetik, wie sie durch die detailverliebten Küchenwelten auf Standsted oder Uppark exemplarisch aufrechterhalten wird, spiegelt eine Sehnsucht wider, die so alt ist wie die Bedienstetenräume in den Souterrains. Das englische Landleben ist bereits in der Vergangenheit von Zeitgenossen durch und durch romantisch besungen worden.

Die Zuckerseiten der Insel

Als der Poet John Keats 1819 Standsted Park besuchte, inspirierte ihn dieser Ausflug zu einigen Versen seines berühmten Gedichts: *The Eve of St Agnes*. Keats, der in London 1795 als Sohn eines Stallmeisters geboren wurde, zählt zu den bedeutendsten Vertretern der englischen Romantik. Auf Stansted wohnte er dem Weihegottesdienst für die Kapelle bei. Danach schrieb er die Verse: »Doch hielt azurlidriger Schlaf sie fest / in bleichen, duftigen Lavendelkissen; / Indessen er aus wohlverstecktem Nest / Kandiertes Obst und andre Leckerbissen, / Gelees, die linder sind als süßer Rahm, / Und seltne Frucht aus südlichen Geländen, [...] / Geschwind zu Tische trug mit fieberheißen Händen.«

Der Name Still Room leitet sich vom englischen Verb *to distill* ab und bezieht sich auf die Tradition, aus Kräutern, Wurzeln, Blüten, Honig und Früchten Sirups, Gelees und Salben, Heilwässer und Tees zu fertigen. Der Still Room stellt die Keimzelle der Landlebenidylle dar. Der grundherrliche Haushalt begreift sich als Selbstversorgungsbetrieb. Die eigene Ernte ist ihm ein Füllhorn, das sich prall und bunt und saftig auf die Tische ergießt und das Haus mit Blütenduft erfüllt. Wie auf dem Kontinent auch, stand die englische Köchin in der Tradition der mittelalterlichen Kräuter- und Heilkunde, und dieser Tradition gehorchend, zählte es zu ihren Aufgaben, Arznei- und Stärkungsmittel herzustellen. Sie stellte Obstwein her und destillierte Rosenessenzen, mit denen sich sowohl Desserts wie auch Bettwäsche parfümieren ließ, trocknete Blüten zu Potpourris, setzte Obstessige an, rührte Salben und siedete Lavendelseife. Vor allem legte sie ihren Stolz darein, Einmachgläser mit Stachelbeergelee und Orangenmarmelade, Lemon Curd und Holunderblütensirup zu füllen. Englands Kolonien auf den Westindischen Inseln und in Indien brachten das Empire im 17. und 18. Jahrhundert unter anderem in den Besitz riesiger Zuckerrohrplantagen. Sie machten jenen Stoff erschwinglich, der die Vorliebe der Briten für süße Pies und Kekse, Gelees und Marmeladen, Karamellbonbons und fingerdicke Zuckerglasuren nährte.

Linke Seite: Die »Batterie de Cuisine« aus glanzpolierten Kupfertöpfen galt — neben dem Herd — als Herz- und Prunkstück jeder herrschaftlichen Küchenausstattung; Küche von Felbrigg Hall.

Einfach köstlich

Im 18. Jahrhundert genoss die englische Landküche ein hohes Prestige – und mit ihr die Frauen, die sie zubereiteten. Ab etwa 1700 erschienen in England zahlreiche sehr erfolgreiche Kochbücher, die von Frauen für Frauen geschrieben wurden. Das bestverkaufte unter ihnen war »The Art of Cookery Made Plain and Easy« von Hannah Glasse (1708 - 1770). Es erschien erstmals 1747 und erlebte bis zum Jahr 1800 rund 50 Neuauflagen. Glasse entstammte der Gentry, rutschte jedoch durch eine Mesalliance mit einem Unteroffizier in eine niedrigere soziale Schicht und war somit gezwungen, zum Unterhalt ihrer kinderreichen Familie mit beizutragen. Sie verdingte sich in fremden Haushalten als Köchin, arbeitete als Schneiderin und veröffentlichte Kochbücher. Ihr Buch »The Art of Cookery« wurde ein Erfolg, weil Glasse darin das Kulturideal der gehobenen Landhausküche für breitere Schichten erschloss. Sie schrieb einprägsam und schlicht und verstand es, die Klassiker der englischen Landkost so aufzubereiten, dass sie auch für den schmalen Geldbeutel erschwinglich wurden. Glasse wurde nicht müde, ihre Rezepte mit antifranzösischen Ressentiments zu garnieren; sie wetterte gegen die Verschwendungssucht der französisch beeinflussten höfischen Küche und den Firlefanz, den ihrer Meinung nach französische Köche auf die Teller brachten. Damit machte sie sich zum Sprachrohr einer kulturprägenden Schicht, die das aufgeklärte Ideal der Naturbelassenheit auch im kulinarischen Sinne über alles stellte. Glasses Rezeptsammlung ist ein Dokument der Blütezeit der englischen Pie-, Pastry- und Puddingküche, die durch das Zeitalter der Industrialisierung ihren Niedergang erlebte. Landflucht, Fabrikarbeit, Zeitmangel und Armut machten es den in die Städte abwandernden Landarbeitern größtenteils unmöglich, die Tradition dieser herzhaften, jahreszeitlichen Küche aufrechtzuerhalten. Erst heute, mit dem Siegeszug der biologischen Landwirtschaft, erlebt diese Esskultur ein Comeback: Vor allem Milch- und Käseprodukte, Brot und Gebäck sowie Lammfleisch, Lachs und Pasteten sind in England wieder in ausgezeichneter Qualität erhältlich. Sie zeugen von einer großen kulturellen Tradition, die gut zweihundert Jahre lang kaum gepflegt wurde, ihre Substanz jedoch niemals vollkommen eingebüßt hat.

Der Zucker überzog die Früchte des Landes mit aristokratischem Glanz, er veredelte selbst die schlichtesten Zutaten, und das erklärt vielleicht ein wenig, weshalb man schwerlich ein Volk finden wird, welches es in der Kunst, das Loblied auf die Nachspeisenküche anzustimmen, zu einer solchen Delikatesse gebracht hat wie die Engländer.

Als Pendant zu Keats sei hierfür Dorothy Hartley aus ihrer 1954 erschienen Kulturgeschichte »Food in England« zitiert: »Zu den wunderbarsten Erinnerungen, die ich an Yorkshire habe, zählen die herrlich altmodischen viktorianischen Dinnerpartys mit ihren wirklich wunderschönen süßen Gerichten: Lawinen schneeweißen Rahms ergossen sich über mit Sherry getränkte Makronen und kandierte Früchte. Ich erinnere mich an Biskuittorten, die wie Igel geformt und mit Mandelstiften gespickt waren und wie Inseln in einem See aus dottergelber Vanillesauce schwammen, und an Nocken aus sahniger Aprikosencreme, die übereinandergetürmt waren wie der Mailänder Dom.«

Die resche Bratendirne

Die Titel Lord und Lady hatten sich aus den altenglischen Wörtern *hlaford* und *hlaefdigge* entwickelt, was »Brotverteiler« und »Brotkneterin« bedeutete. Das Selbstverständnis der englischen Oberschicht war mithin nahezu mythisch in der Tradition des Farmers verankert. Bis ins 19. Jahrhundert hinein stützte sich der Lebensstil der Gentry denn auch nahezu vollständig auf die Erzeugnisse vom eigenen Hof. Man buk Brot, braute Ale und Bier, kelterte Honigwein, machte Butter und Käse und schoss selbst das Federvieh. Der Lord machte sich bei seinen Streifzügen durchs Unterholz den Rock schmutzig, und die Lady empfand es als vornehme Pflicht, ihre Hände in Milch zu tauchen und Cottagekäse zuzubereiten.

ADVANTAGES of Modern Education.

Das 17. Jahrhundert stellte den Höhepunkt dieses Lebensstils dar, dem ein 1669 erschienenes Buch ein Denkmal setzte. Geschrieben hat es Sir Kenelm Digby (1603–1665), Kanzler und Diplomat, Soldat und »Fellow of the Royal Society«. Es heißt ›The Closet of the Eminently Learned Sir Kenelm Digby« – Aus der Speisekammer des überaus gelehrten Sir Kenelm Digby – und verzeichnet die besten Kochanleitungen, die ihm seine Freunde von Geblüt verraten hatten. Die Namen der Rezepte lesen sich kurios: »Mylady Middlesex macht hervorragenden Weichkäse aus Morgenmilch« lautet eines. Ein anderes: »Mylady Middlesex macht Weinschaum für kleine Gläser so«. Wir erfahren auch ein Rezept für Kapaun: »Mylady of Monmouth macht den Kapaun in weißer Sauce so«. Und dass ein Rezept für Apfelgelee den Titel trägt: »Mylady Paget bereitet ihren herrlichen eingemachten Cox so« –, überrascht nun auch nicht mehr.

Die englische Feinschmeckerei war jahrhundertelang von einer Vorliebe für das Schlichte bestimmt.

Sie feierte den Charme des Natürlichen, übte sich in der Vereinfachung und pflegte eine Lebensweise, die von der englischen Historikerin Valerie Mars einmal in die Formel gepackt wurde: »noble Räume – simples Essen«. In der parlamentarisch geprägten englischen Gesellschaft war seit dem 13. Jahrhundert nicht ausschließlich das Königshaus tonangebend gewesen.

Maßgeblich stilprägend war vielmehr jene Schicht, die im *House of Lords* und *House of Commons* saß und zwischen ihrem Stadthaus in London und ihrem Landsitz hin- und herpendelte. Frische, Einfachheit in der Zubereitung und eine Ästhetik des Natürlichen waren die Wesensmerkmale dieser Küche. Ihre Symbole waren der Zerwirkraum, in dem man schussfrische Hirsche, Fasane, Täubchen, Reb- und Moorhühner abhängen ließ, waren die fettglänzenden, drallen und im Ganzen servierten Hammelkeulen, Roastbeefs und Knochenschinken. Die Aufmerksamkeit der Köchinnen galt der Qualität des Ausgangsprodukts und nicht der Verfeinerung in der Zubereitung. Das Natürliche war das Ideal, und in dieser Vorliebe tun sich Parallelen auf zur englischen Abneigung gegen die Formenverliebtheit und Verschnörkelungen der französischen Gärten des Barock. In England blickte man auf das Bemühen der französischen Gartenkünstler, sich die Natur untertan zu machen, mit Verachtung herab. Man wollte nicht mehr einsehen, was an gezwirbelten Buchsbäumchen und abgezirkelten Blumenrabatten so reizvoll sein sollte. Die Gartenfreunde der Insel wollten die Flora von der Herrschaft der barocken Pflanzendompteure befreien; sie gestalteten Parkanlagen mit natürlich wirkenden Bachläufen, sanft gewellten Hügellandschaften und Baumgruppen, die so aussahen, als hätte Mutter Natur höchstselbst sie ersonnen.

Die englische Neigung für das Natürliche mündete spätestens im 19. Jahrhundert in einen Geschmackskonservatismus, dem das Fleisch von Hammel, Rind und Schwein der Inbegriff kulinarischer Glückseligkeit bedeutete. Eine Köchin, die einen soliden Braten zuzubereiten verstand, durfte auf ein gutes Zeugnis hoffen. Elizabeth Freeman, die am 14. Januar 1837 bei dem Landbesitzer William Cother in Cloucestershire um Anstellung bat, konnte beste Referenzen vorweisen: »Sie hat Erfahrung als Köchin. Kann einen Braten zubereiten und Fleisch kochen«, heißt es im Archivdokument ihres Einstellungsvertrags. Wenn diese Köchinnen vom Lande mit geröteten Wangen in der Küche standen, sich im Hitzedunst am Holzkohlenherd oder offenen Feuer zu schaffen machten und mit kräftigem Griff die Keulen am Spieß drehten, konnte dieser Anblick das beherrschte Gemüt eines Lords durchaus in Unordnung bringen. Lord Willoughby de Broke aus der Grafschaft Warwickshire schrieb in den 1920er-Jahren über die Küche seines Familiensitzes Compton Verney: »Ich hatte in meiner Jugend noch das Vergnügen, mit anzusehen, wie jeden Tag tonnenweise Holzkohle in unserer Küche verfeuert wurde.

Dort hing das Lendenstück am Haken an einer Kette, die sich langsam um sich selbst drehte, während eine resche Küchendirne das Fleisch von Zeit zu Zeit mit Fett bepinselte. Ihr Gesicht glühte und war beinahe so heiß wie das offene Feuer direkt vor ihr.«

Die Lady, deren Speisen Köchin Esther Chesterfield auf Wägelchen durch den Tunnel herbeigekarrt hatte, hieß übrigens Mary Ann Fetherstonhaugh. Sie war das Milchmädchen, dessen Gesang Sir Harry so in Bann gezogen hatte. Sie hatte ihm die Scheibe vom Hammelbraten noch am selben Tag abgeschnitten.

Täubchen mit Schinkenspeck

Ein Rezept von Virginia Marchioness of Bath, Longleat House*, England

»Früher hielten sich die meisten Herrenhäuser auf dem Lande einen Taubenschlag: ›Kein Königreich der Welt hat so viele Taubenhäuser wie England‹, hat der englische Schriftsteller Fynes Moryson einmal gesagt. Die Vögel wurden mit Mais gefüttert und waren nicht nur aufgrund ihres hübschen Aussehens, sondern auch wegen ihres schmackhaften Fleisches hochgeschätzt. Wenn man Täubchen ganz schlicht brät — wie es das nachstehende Rezept vorsieht —, empfehle ich, zehn Minuten vor Ende der Garzeit eine Scheibe Toastbrot, von dem man die Rinde abgeschnitten hat, unter jedes Täubchen zu legen. Das Brot nimmt den Bratensaft auf und ergibt eine köstliche Beilage.

ZUBEREITUNG

Man nimmt pro Person ein gerupftes Täubchen, macht mit einem scharfen Messer der Länge nach auf jeder Seite des Brustbeins einen tiefen Schnitt und füllt die so entstandenen Fleischtaschen nach Belieben mit hauchdünnen Streifen vom Schinkenspeck. Dann legt man die Täubchen in eine Reine, gibt etwas Bratenfett [zum Bespiel vom Entenbraten - Anm. d. Verf.] dar-über, deckt das Ganze mit Backpapier ab und lässt die Täubchen bei milder Hitze im Backofen 2 ½ bis 3 Stunden sanft braten. Wenn sie gar sind, lassen sich die Taubenbrüste mit dem Schinken ganz leicht von der Karkasse lösen und mit dem Bratensaft servieren.«

(Virginia Bath, zitiert aus »Lady Bath's Longleat Kitchen & Recipe Book«, Warminster 1980.)

* Longleat House in der englischen Grafschaft Wiltshire wurde im 16. Jahrhundert erbaut. Es ist umgeben von einem Park, den der Landschaftsarchitekt Capability Brown (1716 – 1783) gestaltet hat. Auf Longleat House war man immer stolz darauf, eine gute Küche zu führen, und es wurde keinerlei Aufwand gescheut, diesen Ruf aufrechtzuerhalten. Als König George III. und Queen Charlotte 1789 einmal zu Besuch kamen, wurden Ihnen zum Dinner acht Menügänge serviert, nebst 16 Zwischengerichten, die ihnen die Wartezeit zwischen den Gängen so kurzweilig wie möglich gestalten sollten. Noch im 20. Jahrhundert wurde in der Küche von Longleat täglich ein 7-Gänge-Menü für das Dinner gekocht. Eines der Lieblingsgerichte des Hausherrn waren Lammkoteletts mit Champignons. Aber auch Täubchen aus dem eigenen Taubenschlag zählten dazu.

Ein Traum von einer Köchin

Die Küche als Sehnsuchtsort

10

Das Faktotum

Die Köchin als Familienmitglied

Als der Orientexpress auf seiner Fahrt von Istanbul nach Paris am 4. Juni 1939 in den Wiener Westbahnhof einrollt, geht das Leben der Familie Freud in Wien unwiederbringlich zu Ende. Zwei Coupés des Zugs sind für Sigmund Freud reserviert. Zusammen mit seinem Chow-Chow Lün-Yu macht er sich im Alter von 83 Jahren über Paris auf den Weg ins Londoner Exil. Ehefrau Martha, Tochter Anna und Josefine Stross, eine Freundin der Familie, sind an seiner Seite. Und auch Paula kommt mit. Paula Fichtl ist damals 37 Jahre alt, ledig, kinderlos und seit zehn Jahren das Hausmädchen der Familie Freud. Sie stammt aus dem Salzkammergut und hätte als Nichtjüdin wohl in ihrer österreichischen Heimat verbleiben können. Doch für Paula wäre eine solche Entscheidung niemals infrage gekommen. Zum einen, weil sie mit den Nazis nichts am Hut hat. Und zum anderen, und das ist das Entscheidende, ist die Familie des Herrn Professor für sie wie ihre eigene Familie. Der »Herr Professor«, wie sie Freud voller Verehrung und Respekt nennt, ist krank. Der Krebs hat sich durch seinen Kiefer gefressen. Der alte Herr kann nur noch sämige Speisen zu sich nehmen. Und die Mehlspeisendiät, die Paula so gern für ihn zubereitet, schmeckt ihm. Paulas Kaiserschmarrn, ihre Salzburger Nockerln und ganz besonders ihr Vanilleeis haben es ihm angetan. Freud ist selig, wenn Paula ihm diese wienerwalzerweichen Dinge zubereitet. Als die Familie ihren Hausstand in der Berggasse 19 in den

Tagen vor der Flucht zusammenräumen muss, bittet Freud Paula, das Kochbuch, das er ihr einmal geschenkt hat, in den Müll zu werfen. Heimlich fischt Paula es wieder heraus. Und versteckt es in ihrem kleinen Lederkoffer, den sie für die Reise packt. Und so kommt es, dass dieses Buch mit seinen von Teigspritzern verklebten Seiten und seinem vom Küchenfett schmierig gewordenen Buchdeckel, eingebettet zwischen Schürzen und Leibwäsche, am Vorabend des Zweiten Weltkriegs in einem Zugcoupé ins Ungewisse rollt, weiter und immer weiter hinaus aus Wien.

Paula

Paulas Mutter stirbt, als Paula sechs Jahre alt ist. Acht Kinder hat sie zur Welt gebracht; das letzte, die kleine Agnes, saugt ihr die Lebenskraft endgültig aus dem Leib. Paulas Mutter ist viele Jahre hindurch lungenkrank gewesen. Erschöpft und ausgezehrt hatte sie sich durch den Alltag geschleppt, den Haushalt mit den kleinen Kindern so gut es eben ging zu bewältigen versucht und jedes Mal bis kurz vor der Niederkunft körperlich hart gearbeitet. In ihren letzten Lebensjahren ist sie meist bettlägerig. Paulas Vater, der Eisenbahnschaffner Felix Fichtl, will auf sein Recht als Ehemann dennoch nicht verzichten. Wenn er von der Arbeit nach Hause kommt, herrscht er die Mutter an: Sie solle sich nicht so anstellen. Er brauche kein

Weib, das tagsüber im Bett herumliege. Die Mutter entwindet sich. Paula erlebt alles mit. Das Gerangel der Eheleute. Das Weinen der Mutter, das Schreien des Vaters, das Wimmern der Geschwister. Und dann das Sterben des einzigen Menschen, bei dem sich Paula zu Hause gefühlt hat.

Seitdem die Mutter weg ist, macht Paula den Haushalt. Sie ist sechs Jahre alt, sie muss jetzt erwachsen sein. Sie beschließt bei sich: »Ich muss wohl den Versuch aufgeben, die Mutter wiederzufinden und bei ihr zu spielen.« Einmal geht sie zum Dorfbach hinüber, um die Schüsseln vom Mittagessen abzuwaschen. Sie trägt alle Schüsseln auf einmal in den kleinen Händen, die Schüsseln fallen in den Bach, der trägt sie fort. Der Vater ist außer sich. Paula muss ohne Abendessen ins Bett. Als er erneut eine Frau ins Haus bringt, schickt diese Paula bald darauf weg. Sie kommt zu den Stiefgroßeltern, die selbst nur einen

kärglichen Haushalt führen. Es gibt wenig zu essen dort. Paula fängt an, sich nützlich zu machen. Sie hütet Kühe. Doch der Hunger bleibt.

Paula Fichtl stirbt 1982 im Alter von 80 Jahren. 68 Jahre ihres Lebens hat sie als Dienstmädchen zugebracht, davon 53 Jahre bei der Familie Freud – erst als Hausmädchen, später als Haushälterin und Köchin, zuletzt, nach dem Tode Martha Freuds, als guter Geist des Londoner Haushalts von Anna Freud und deren Lebensgefährtin Dorothy Burlingham. Paula ist eines von Millionen ärmlichen Landkindern, deren Schicksal die Schattenseite des bürgerlichen Zeitalters ans Licht holt: in zerrüttete Verhältnisse

---

»Man wird Koch. Zum Bratkünstler ist man geboren.« (Jean-Anthèlme Brillat-Savarin); W. B. Davis, »Das Thanksgiving Dinner«, für »Frank Leslie's Popular Monthly«, 1895.

hineingeboren, Armut und Gewalt als tägliche Beglei-
ter, das ganze Leben hindurch von der Sehnsucht getrieben, so etwas wie Geborgenheit und familiären
Halt zu finden. Das lässt sie manches ertragen, vieles
hinnehmen. Als Halbwüchsige, und nicht selten bereits als Kinder, verdingen sich diese gebeutelten
Wesen in fremden Diensten – und bleiben es oft ihr
Leben lang, in der Hoffnung auf ein bisschen Anerkennung, Sicherheit und Ordnung. Sie sind beflissen
und willig. Und sie versuchen, sich so unentbehrlich
wie möglich zu machen.

Paula Fichtl hat Glück. Mit ihrem mädchenhaft
vertrauensseligen Wesen, ihrer gutmütigen, fürsorg-
lichen Art findet sie bei der Familie Freud eine Heimat.
Ihrem Biografen Detlef Berthelsen wird sie später, im
hohen Alter, erzählen, dass Anna Freud einmal zu ihr
gesagt habe: »Mein Vater wär' sehr unglücklich, wenn
Sie gingen, er hat Sie so gern.« Die Welt Sigmund
Freuds und seiner Familie wird auch Paulas Welt. Hier
wird ihr zuteil, wonach sie sich sehnt: »Wärme und
Freundlichkeit«. Jeden Morgen staubt sie Freuds heiß
geliebte, antike Figürchen und Statuetten auf seinem
Schreibtisch ab und ist stolz darauf, nie auch nur eines
davon zu verrücken. Sie legt ihm abends vorm Zubett-
gehen die Wärmflasche unters Plumeau und faltet ihm
für den Mittagsschlaf auf der Couch die Wolldecke auf.
Sie führt seine Psychoanalysepatienten ins Wartezimmer, darunter den berühmten »Wolfsmann« Sergej Pan-
kejeff, der immer so charmant mit ihr plaudert, wenn
sie ihm Hut und Mantel abnimmt, oder die Prinzessin
Marie Bonaparte, Gattin Prinz Georgs von Griechenland und eine glühende Anhängerin Freuds. Sie nimmt
seine Schüler in Empfang sowie Verleger, Wissenschaft-
ler und Journalisten aus aller Welt, und auch so berühmte Besucher wie Thomas Mann, dem sie Kaffee
serviert, wobei sie mitbekommt, dass sich die Herren
Freud und Mann zu ihrem Erstaunen weniger über
Hochtrabendes als vielmehr »über die Hund' und über

Zigarren« unterhalten. Sie kocht dem Herrn Professor
Gemüsesuppe, backt den Guglhupf für den Sonntag-
nachmittagskaffee und freut sich über das Lob von
Freuds Tochter Anna: »Aus den Tiefen des Unbe-
wußten zum Duft von Paulas Guglhupf aufzutauchen, ist
immer eine erfreuliche Rückkehr in die Wirklichkeit.«

Über Frauen wie Paula Fichtl hat der österreichische Schriftsteller Alfred Polgar (1875 – 1955) einmal bemerkt, sie seien »der ideale Nebenmensch«
gewesen, herzensgut und auf liebenswürdige Weise
von einfältig bescheidener Natur. Nebenmenschen
wie Paula machten das Wohl ihrer Dienstgeber zu
ihrer eigenen Bestimmung. Sie identifizierten sich
mit ihrer Herrschaft und nahmen deren Angewohn-
heiten, Vorlieben und Gefühlslagen in ihr eigenes
Wesen hinein. Sigmund Freud sammelte Briefmar-
ken – Paula legte sich ein Briefmarkenalbum zu, in
dem sie die Dubletten, die ihr der Professor überließ, wie einen Schatz hütete. In Momenten der Muße
blätterten die beiden es gemeinsam durch, und Paulas Wangen glühten, wenn sie dem alten Herrn stolz
eine neue, komplette Reihe präsentieren konnte. Pol-
gars Wortschöpfung war als Kompliment gedacht –
für die vielen weiblichen Nebenmenschen, von denen
es nicht nur im Wien der Gründerzeit nur so wimmelte, und die durch ihr stilles Wirken zu dem Ruf
der Belle Époque beitrugen, das große Zeitalter der
bürgerlichen Gastlichkeit gewesen zu sein. Nebenmenschen wie Paula gingen in ihrer Herrschaft auf.
Ihr wichtigster Charakterzug war Treue.

Jeanne

Die Beziehung zwischen Herrschaft und Köchin war
immer eine besondere. Wer da von wem abhängig
war – das lässt sich an einem einzigen Wort festma-
chen: beide. Wenn eine begnadete Köchin das Hand-

tuch warf, kam das einem Paukenschlag gleich, der den wohltemperierten Alltag der Herrschaft in seinen Grundfesten erbeben ließ. Frauen, die sich auf ihre Gastlichkeitskultur etwas zugute hielten und ihren Haushalt nicht zuletzt dank der Köchin zu einem gesellschaftlichen Magneten entwickelt hatten, bemühten sich daher mit Kräften, den guten Geist des Hauses um beinahe jeden Preis zu halten. Wenn etwa die Sommerfrische anstand, wurden Überlegungen angestellt, wie man die Köchin in den Wochen der Abwesenheit so bei Laune halten könnte, dass sie sich in der freien Zeit nicht nach einer womöglich besseren Stellung umsehen würde. Die Hauspostille *Unser Blatt* fand im Jahr 1899 für dieses zutiefst nachvollziehbaren egoistischen Motive das passende Gedicht:

»Ich löse schon an vierzehn Tage
an meiner Karolinenfrage:
Daß meine Reise mich nicht reut –
wo bleibt Karoline in der Zeit?
Es hieß', mich an mir selbst versünd'gen,
wollt' ich dem süßen Wesen künd'gen,
denn Karoline kocht famos;
schick' ich sie fort, bin ich sie los!«

Die Schriftstellerin Gertrude Stein (1874–1946) und ihre Lebensgefährtin Alice B. Toklas sahen in ihrem gut 40 Jahre währenden gemeinsamen Leben eine Armada an Köchinnen und Haushälterinnen kommen und gehen. Diese tüchtigen Perlen hießen Maria oder Hélène, Ernestine oder Léonie, Nora, Margot, Margit oder Caroline, und sie verschwanden eines Tages, weil sie mit ihrem Verlobten durchbrannten, oder sie kündigten, weil sie heiraten wollten oder sich zu alt und müde fühlten oder weil sie der Anblick der Picasso-Gemälde in der Wohnung der Stein in ihren moralischen Ansichten zutiefst verwirrte. Andere wiederum hingen unerfindlichen Kapricen nach, so wie Jeanne. Als sie als junges Ding bei den beiden nicht minder kapri-ziösen Damen vorstellig wird, zeigt sie ihnen gleich, wo hier der Bartel den Most holt. Sie lässt die Damen tagelang über die Höhe des von ihr geforderten Lohns im

Frauen mit Geschmack: Alice B. Toklas (li.) und Gertrude Stein in ihrer Pariser Wohnung. Ein Lieblingsrezept der beiden war Haschischkonfekt. Sie servierten es zum Bridge – und gern auch, wenn Picasso kam; Fotografie von Man Ray, 1922.

Ungewissen, sie lässt sie regelrecht schmoren, wohl ahnend, was Alice B. Toklas in ihrem Kochbuch später einmal gestehen wird: Dass sie und die Stein sich nämlich sicher waren, für Jeanne würde ihnen kein Preis zu hoch sein. Toklas beschreibt den Moment, in dem Jeanne erstmals bei ihr und der Stein vorspricht, und die Szene lässt erahnen, dass das Selbstbewusstsein guter Dienstboten trotz aller nach außen hin geforderten Unterwürfigkeit und Bescheidenheit durchaus Mittel und Wege fand, weibliche Individualität und eine gesunde Portion Frechheit zum Ausdruck zu bringen: »Jeanne war sanft, mit dem Lächeln einer *cocotte*, trug elaborierte Kopfbedeckungen und war naiv und unerfahren wie ein Baby.« Wenn sich die Damen Toklas und Stein da mal nicht täuschten! Dank ihrer Kochkünste steigt Jeanne nämlich binnen Kürze zur ungekrönten Herrscherin des Künstlerinnenhaushalts auf. Die beiden intellektuellen Fräuleins ergehen sich in Verzückungen über die kulinarischen Fingerfertigkeiten ihrer Perle. Toklas schwärmt: Jeanne kenne hunderterlei Arten, Eier und Kartoffeln zuzubereiten – und das, ohne je ein Kochbuch konsultiert zu haben, denn Jeanne ist Analphabetin. Sie schlägt exotische Sößchen mit einer Prise indischen Currys auf, sie überglänzt pochierte Eier mit einer Pistazien-Nussöl-Sahne und knetet aus Resten von Hähnchenbrust, Frischkäse und einem Hauch Muskatblüte Teig für Knusperkroketten. Ihre Desserts parfümiert sie grundsätzlich mit hochprozentigem Rum. Sie verwöhnt die Künstlerinnen und ihre illustren Freunde nach Strich und Faden, und als sie sich eines Morgens erfrecht, nicht zum Dienst zu erscheinen, und sich von der Concierge ihrer kleinen Wohnung unter fadenscheinigen Begründungen verleugnen lässt, sind Toklas und Stein vom Donner gerührt. Sie bedrängen die Concierge, lungern vor Jeannes Wohnung, in der Hoffnung, etwas über ihren Verbleib

herauszubekommen, und werden mit Bulletins abgespeist, die Jeanne der Concierge diktiert. Jeanne sei krank, man könne für die Damen nichts tun, Jeanne werde nicht kommen. Wie sich herausstellt, vergnügt sich Jeanne unterdessen bei Einkaufsstreifzügen durch die Pariser Kaufhäuser. Sie hat Lust auf eine neue elaborierte Kopfbedeckung und kauft sich einen Hut. Ein paar Tage später erscheint sie frühmorgens putzmunter bei Toklas und Stein und tut so, als sei nichts geschehen. Die drei Frauen breiten das Tuch des Schweigens über die Affäre. Zweimal noch wird Jeanne sich ihre abrupten Auszeiten gönnen, wird wortlos verschwinden und ebenso kommentarlos wieder auftauchen. Toklas und Stein nehmen es hin. Sie haben ihre Lektion gelernt: keine Knusperkroketten ohne die Launen der Köchin. Für diese simple Gleichung findet Alice B. Toklas gegen Ende ihres Lebens ein hübsches Bonmot: »*La cuisine c'est la femme*«.

Maria

Jede talentierte Köchin hatte ihre ureigene Art zu kochen. Mit dieser Handschrift prägte sie die Visitenkarte eines Hauses. Ihr Können war die Währung, nach der sich der Stellenwert einer Familie innerhalb der tonangebenden gesellschaftlichen Zirkel bemaß. Dieses ungeschriebene Gesetz verstand kaum eine Vertreterin des bürgerlichen Zeitalters so geschickt für sich zu nutzen wie Vera Kálmán, die Ehefrau des ungarischen Komponisten Emmerich Kálmán (1882 – 1953). Die mondäne und in repräsentativen Dingen überaus geschmackssichere Vera war eine legendäre Gastgeberin, eine der letzten Salonlöwinnen der Alten Welt. Sie setzte alles daran, ihren geliebten Emmerich, Schöpfer der »Csárdásfürstin« und der »Gräfin Mariza«, gesellschaftlich ins rechte Licht zu rücken. Dafür holte sie sich eine der besten Köchinnen ihrer Zeit ins Haus, die Ungarin Maria Pervich, um deren Kochkünste auch namhafte österreichische Staatsminister buhlten. Die Pervich jedoch gab den Kálmáns den Zuschlag, unter anderem deshalb, weil Vera bereit war, ihr das Fünffache dessen zu bezahlen, was sie jemals zuvor für eine Köchin zu zahlen bereit gewesen war. In seinem Buch »Die guten Geister« setzte der Schriftsteller Dietmar Grieser dem Wirken der Pervich in einer anekdotengesättigten Miniatur ein Denkmal. Er zitiert darin Vera Kálmáns Erinnerungen an ihre Köchin: »Sie ging selber zum Fleischer und wußte genau, welches Stück sie aus einem Rind oder einem Schwein haben wollte. Sie buk unser Brot und unsere Semmeln. Sie fuhr in die entlegendsten Gegenden Wiens, um das frischeste Gemüse zu bekommen, das aufzutreiben war [...]. Unser Haushalt kostete das Zehnfache von dem, was er bisher gekostet hatte. Aber ich war innerhalb weniger Wochen die beliebteste Gastgeberin von Wien.«

Wie Paula, geht auch die Pervich mit ihrer Herrschaft ins Exil. Sie folgt den Kálmáns in die USA. Dort kocht sie für die Stars und Starlets, die Industrie-Tycoone und Barone der Filmbranche, die Vera um Emmerich schart, um ihm, dem Komponisten, die Tür nach Hollywood zu öffnen. Vera gibt eine rauschende Party nach der anderen, Hunderte Gäste sind dabei keine Seltenheit. Als sie Maria Pervich einmal anträgt, ob sie sich angesichts solcher Gästezahlen nicht von einer Cateringfirma helfen lassen wolle, ist diese zutiefst beleidigt. Eine Pervich kocht selbst! Sie schmeißt auch die Hochzeitsfeier der Tochter des Studiobosses Louis B. Mayer und bereitet für diesen Anlass ein zehngängiges Menü für eine Heerschar an Gästen zu, darunter die Filmgrößen Clark Gable und Greta Garbo. Maria Pervich, die von zierlicher, kleiner Statur

ist, wickelt unter Veras Ägide in den Vierzigerjahren die Film- und Musikprominenz der USA mit ihren Gulaschkanonen und Bohneneintöpfen um den Finger. Ihre verfeinerten ungarischen Menüs mit Paprika, Kraut und Sauerrahm gelten als herrlich *old fashioned* und entlocken der High Society in der Neuen Welt spitze Schreie.

Maria Pervich starb mit 102 Jahren. In der zweiten Hälfte ihres Lebens stand sie jahrzehntelang im Dienste der Kálmáns. Als Emmerich Kálmán im Sterben lag, fütterte sie ihn bis zuletzt mit seinen Lieblingsgerichten. Seinen drei Kindern ersetzte sie etwas von der Mutterwärme, die ihnen die extrovertierte, meist auf Reisen befindliche Vera nicht zu geben vermochte. Sie brachte den Kleinen Ungarisch bei und verwöhnte sie mit Nockerln. Sie war – zumal im Exil – die Nabelschnur, durch die sich auch der heimwehkranke Komponist Kálmán mit Heimwehküche nährte. Die Pervich hätte sich so manches herausnehmen können – man hätte sie gewähren lassen, sie war das Rückgrat der Familie. Die Schrulle, die sie sich leistete, war das Essen. Dietmar Grieser erzählt, Maria habe in schöner Regelmäßigkeit sechs Mal am Tag gegessen, und zwar stets das Nämliche: zum Frühstück Kaffee mit Eigelb, Sahne und Cognac sowie Guglhupf mit Butter und Honig, zum zweiten Frühstück Salamibrot mit Schnaps, zum Mittagessen drei Gänge mit Wein, nachmittags Kaffee und Kuchen mit Sahne, zum Abendessen Gänseleberpastete und Braten, und als Betthupferl habe sie sich einen Whisky oder ein Stamperl Kirschschnaps genehmigt. Der Hausarzt der Familie Kálmán hat an der Pervich keine müde Mark verdient. Sie blieb bis ins hohe Alter pumperlgesund.

Leida

Maria Pervich war ein Faktotum. Dieser Begriff fällt immer dann, wenn von schrulligen Haushälterinnen die Rede ist. Der Anekdotenschatz über Köchinnen ist voll von solchen Spleenigkeiten, und die Erzählungen über die Eigenheiten einer Köchin gingen nicht selten in die Familiengeschichte ein und sorgten noch in späteren Generationen für Erheiterung: Hélène, eine der Köchinnen im Haushalt der Toklas und Stein, nahm sich etwa heraus, Gästen, die sie nicht mochte, lediglich Spiegeleier vorzusetzen, um sie spüren zu lassen, dass sie nicht willkommen seien. Auch Paula Fichtl hatte so ihre Ansichten. Ihr taten die Analysepatienten Sigmund Freuds leid, wie sie so unruhig und angespannt im Wartezimmer saßen.

Eines Tages beschloss sie, diesen verlorenen Seelen eine kleine Stärkung zuzubereiten, um ihnen etwas von ihrer Nervosität zu nehmen. Als Freud Paula daraufhin ermahnte, diese Art von Psychoanalyse »mit Halbpension« sei doch wohl etwas ungebührlich, antwortete sie ihm: »Das ist doch eine anstrengende Sache für die Herrschaften. Da geht es nicht an, daß es vorher keinen Imbiß gibt« – und setzte sich durch.

Die Bezeichnung Faktotum bezieht sich wortgeschichtlich nicht auf die Verschrobenheiten von Hausangestellten, sondern auf die Lebensleistung, die sie vollbrachten. Das Wort leitet sich aus dem Lateinischen ab und bedeutete ursprünglich »mache alles!« Es verweist auf die Kultur der »Mädchen für alles« – jener Heerscharen von Dienstboten, die ihrer Herrschaft nicht nur ihre ganze Arbeitskraft, sondern ihr ganzes Leben widmeten.

Bei allem Glück und Talent, das die beiden hatten, dokumentiert doch der Lebensweg lediger Frauen wie Paula und Maria ein typisches Frauenschicksal ihrer Zeit. Dienstboten, deren Wohl und Wehe mit dem ihrer Herrschaftsfamilie verschmolz, waren nicht zufällig unverheiratet geblieben. Ohne den Schutzraum einer Ehe oder eines Diensthaushalts wären sie Freiwild für ihre Umgebung gewesen. Sie entstammten einer Schicht, die ihre Lebensführung nicht selbstständig und nach freier Willensentscheidung gestalten durfte, sondern in das Korsett der Gesindeordnungen eingepresst war. Geschlechtsreife Mädchen aus der Unterschicht konnten sich ihre Heiratsträume meistens aus dem Kopf schlagen. Sie standen mehrheitlich vor der Wahl zwischen Skylla und Charybdis: Verfemung oder Dienstherrschaft. Unzählige historische Quellen aus dem Europa des 18., 19. und frühen 20. Jahrhunderts legen in erschütternder Weise Zeugnis ab von vergewaltigten Landmädchen, die irre wurden, weil Dorfburschen mehrfach über sie herfielen; von Gesindemädchen, die der Verzweiflung anheimgegeben waren, weil man ihnen nach der unfreiwilligen Schwangerschaft das Kind entriss, oder die ihr Kleines in ihrer Ausweglosigkeit und Angst töteten oder die mitsamt ihrem Mündel aus dem Dorf gejagt wurden, weil sie Schande über die Gemeinschaft gebracht hatten. Frauen der Unterschichten lebten in einem damals schier unauflöslichen Dilemma. Unvermögendem Gesinde, sprich: armen Landkindern, war das Heiraten per obrigkeitlichem Dekret in der Regel untersagt. Nach damaligem standesrechtlichem Denken sollte damit verhindert werden, dass sich in den Gemeinden weitere arme Familien ansiedelten. Nur Mädchen, die eine akzeptable Mitgift erwarten konnten, hatten eine Chance, geheiratet zu werden. Doch von Mitgift konnte in der Armutsbevölkerung keine Rede sein. Wollte ein Gesindepärchen trotzdem heiraten, in der Hoffnung, für eine Familiengründung genügend zusammengespart zu haben, musste es an obrigkeitlicher Stelle um Heiratserlaubnis bitten. Nicht selten wurde über solcherlei Ansinnen willkürlich entschieden. Statistiken belegen, dass über die Hälfte der Frauen Europas um das Jahr 1900 unverheiratet geblieben sind.

Wer es schaffte, zur Perle eines Haushalts aufzusteigen, hatte aus der Perspektivlosigkeit damaliger weiblicher Existenzwege noch mit das Beste gemacht. Die oft über den Tod der Herrschaft hinausreichende Treue der Haushälterinnen hatte unter den standesrechtlichen Bedingungen des Feudalzeitalters ihre handfesten, praktischen Gründe. Die Pflicht zur Treue war als Paragraf in den Gesindeordnungen festgeschrieben: »§ 64. Das Gesinde ist schuldig, seine Dienste treu zu verrichten«, heißt es beispielsweise in der Preußischen Gesindeordnung von 1810, die bis 1918 Gültigkeit besaß. Die Obrigkeit wurde nicht müde, die Nöte des Gesindes in Tugenden umzuetikettieren, um die standesrechtliche Ungleichheit der Untertanen schönzureden. Insbesondere das Gebot der Treue wur-

de als sicheres Billett für einen Platz im Himmel verkauft. Die Hausväterliteratur war voll von frommen Traktätchen, wie jenem mit dem Titel »Eisenbahn zum Himmel« vom Ende des 19. Jahrhunderts, das den Preis für den Weg ins Paradies mit den Tugendübungen »heilige Demuth«, »heilige Bescheidenheit« und »Verleugnung des eigenen Willens« bezifferte.

Wie ein Kleinkind auf seine Eltern, blieb das Gesinde auf das Wohlwollen der Herrschaft angewiesen. Die standesrechtliche Ungleichheit versetzte das Dienstpersonal in den Zustand hausrechtlicher Abhängigkeit, der selbst im Erwachsenenalter einer Art Kindschaft gleichkam. Die feudale Gesellschaftsordnung war zutiefst patriarchalisch: Nach Gottvater kam der Landesfürst von Gottes Gnaden, danach der Grundherr und der Pfarrer und schließlich die Familie mit dem Paterfamilias an der Spitze. Wenn es gutging – und es ging mitunter durchaus gut –, dann konnte diese Ordnung auch so etwas wie ein Schutz und Schirm sein. Die kindliche Anhänglichkeit, die Paula Fichtl für Sigmund Freud empfand, die mädchenhafte Schwärmerei für ihren Dienstgeber Kálmán, die Maria Pervich in die liebevolle Zubereitung seiner Krankenkost mit einfließen ließ, sind auch ein Zeichen des Sichdreingebens in eine Gesellschaftsordnung, die nur ein Oben und ein Unten kannte.

Und so darf man sich schließlich auch eine Köchin wie Leida, die über 40 Jahre in Diensten des Hauses van Loon stand, als einen durchaus glücklichen Menschen vorstellen. Es gibt ein Foto von Leida, das sie an ihrem Küchenfenster zeigt; sie hat die Fensterflügel zur Sonne hin aufgestoßen und sieht so

---

Linke Seite: Je herrschaftlicher ein Haushalt war, desto mehr Distanz hielten Eltern zu den Kindern. Die Nestwärme holten sich die Kleinen bei der Köchin; Isidor Kaufmann, »Die helfende Hand«, undatiert, spätes 19. Jh.

aus, als schriebe sie soeben etwas in ihr Notizbuch. Die Küche befindet sich im Untergeschoss eines jener herrschaftlichen Stadthäuser, die so typisch sind für das vornehm gediegene Erscheinungsbild der Amsterdamer Keizersgracht. Willem van Loon, einer der Urväter der Familie, zählte 1602 zu den Mitbegründern der niederländischen Seehandelsgesellschaft Vereinigte Ostindische Companie, kurz V.O.C. genannt. Seither gehörten die van Loons zu den einflussreichsten Familien Hollands, und das schlug sich auch in der Architektur und Möblierung ihres Amsterdamer Hauses nieder. Leida kam zu den van Loons, als Willem van Loon, ein Ururenkel des ersten Willem van Loon, sich mit Thora Egidius verheiratete, einer *dame du palais* der holländischen Königin Wilhelmina (1880–1962).

Die Küche des Hauses liegt im Souterrain, auf Augenhöhe mit einem stillen, kleinen Garten voller Rosen und Buchsbaumhecken und einem leise plätschernden Brunnen in der Mitte. Sie ist hell und freundlich eingerichtet; weißer Marmor bedeckt den Boden, und ein Arbeitstisch, der ebenfalls mit einer Marmorplatte versehen ist, steht direkt am Fenster. Hier hatte Leida ihr Reich, und hier ertönte auch jeden Morgen durch eine Haussprechanlage die Stim-

me Thora van Loons, die Leida zu sich in den Blauen Salon beorderte. Thora saß dort zwischen Rokokokommoden und bürgerlichen Zimmerpalmen an einem Tischchen und bereitete sich auf ihre repräsentativen Aufgaben vor. Sie gab oft Gesellschaften und konnte sich bei diesen Gelegenheiten darauf verlassen, dass Leida mit ihren kulinarischen Bravourstückchen nicht unwesentlich zum Ansehen des Hauses van Loon bei Hofe beitragen würde. Sie schätzte Leidas Kochkünste so sehr, dass sie sogar ein Büchlein anlegte, in dem sie ihre schönsten Rezepte niederschrieb. Das Büchlein ist Teil des Familienerbes, zusammen mit einem Foto, das Leida im Sonntagskleid zeigt. Leida starb in den Jahren nach dem Zweiten Weltkrieg. Noch heute erzählt man sich unter den Enkeln und Urenkeln von Thora und Willem, dass es Leida war, die zu den auserwählten Köchen und Köchinnen Hollands zählte, die 1937 bei der Vermählung Prinzessin Julianas der Niederlande mit Prinz Bernhard das Hochzeitsmahl zubereiten durften.

Als es noch keinen Kühlschrank gab, musste man Fleisch und Fisch in Salz einlegen, um sie haltbar zu machen; Gemälde von Floris van Schooten, »Kücheninterieur«, entstanden zwischen 1612–1655.

Steinbutt mit Austern

Ein Rezept von Leida, Köchin im Hause van Loon, Amsterdam*

ZUTATEN UND ZUBEREITUNG

Man nehme die Filets von einem schönen Steinbutt von ungefähr 2 Kilogramm Gewicht. Man schäle eine Zitrone und presse sie aus und dünste ein paar fein geschnittene Champignons in Butter. Anschließend lege man die Filets in eine gebutterte, feuerfeste Form und lasse sie darin im Bratensaft der Champignons zusammen mit den fein geschnittenen Schalen und dem Saft der Zitrone marinieren. Dann fülle man das Ganze mit einer Dreiviertelflasche Champagner auf und lasse die Filets bei mittlerer Hitze im Ofen garen - eine halbe Stunde genügt. Anschließend lege man die Filets auf eine vorgewärmte Platte, garniere sie mit gedünsteten Austern und kleinen, in Butter geschwenkten Kartöffelchen. Dazu reiche man eine Sauce hollandaise, die man mit Süßrahmbutter zubereitet und mit einer Prise Currypulver gewürzt hat.

*Dieses Rezept wurde von Leidas Dienstgeberin Thora van Loon-Egidius überliefert.
Es gibt ein typisches Beispiel ab für den telegrammartigen Rezeptstil der Zeit, bei dem auf exakte Mengen-,
Garzeiten- oder Temperaturangaben weitgehend verzichtet werden konnte. Dank ihres Erfahrungswissens waren lang gediente Köchinnen
nicht auf solche Informationen angewiesen. Sie hatten die Dinge, wie man heute so sagt: im Gefühl.
Dass sie klassische Saucen und Beilagen aus dem Effeff beherrschten, konnte bei ihnen ebenfalls vorausgesetzt werden.
Und so dürfen wir wohl davon ausgehen, dass Leida dem Steinbutt Wohlgeschmack zu verleihen wusste —
auch wenn das Rezept Angaben zu Salz und anderen würzenden Finessen vollkommen ausspart.
(Quelle: Museum van Loon Amsterdam, »Een Huis Van Toen«, Amsterdam 2003)

11

La Mamma

Die Pastaküche als patriotisches Projekt

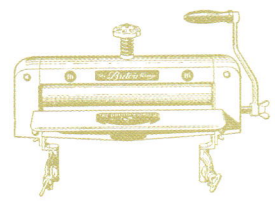

Irgendwie ist es schon schade«, sagt Cosetta Memmola und wirft einen Brühwürfel für Hühnerbouillon in den Risotto, »aber die Sache mit ›La Mamma‹ – die ist nur noch ein Klischee.« Cosetta rührt heftig in der Masse aus Reis und Wein und Brühe, die im Topf vor ihr brodelt, dann dreht sie sich um und guckt uns an, in einer Mischung aus Abgeklärtheit und Zorn, und hebt erneut zu schimpfen an: dass die italienischen Ehemänner sich immer noch von vorn bis hinten von ihren Frauen bedienen ließen; dass der *mammismo* immer schlimmer werde – diese Angewohnheit erwachsener Männer, bis zum Sankt-Nimmerleins-Tag bei Mamma wohnen zu bleiben und sich von ihr nach Strich und Faden päppeln zu lassen, wie die Kleinkinder. Und dass Italien überhaupt so seine Schwierigkeiten habe. Als Gesellschaft. Und dass in diesem Land vieles fauler Zauber sei. Politisch. Aber eben leider auch: atmosphärisch.

Cosetta darf solche Dinge sagen. Sie ist Italienerin, sie lebt in Florenz. Sie ist Mutter, berufstätig, verheiratet. Sie kennt ihr Land in- und auswendig. Sie muss solche Dinge sogar sagen. Denn sie ist Lehrerin. Für Italienisch als Fremdsprache, an der Sprachenschule Koinè, mitten in Florenz. Der Ort für diese Schule könnte nicht malerischer gewählt sein: Palazzo Borghese, oberstes Stockwerk, über den Dächern der Stadt; nur ein paar Schritte vom Dom entfernt, in einem Sträßchen, das mit Motorrollern vollgeparkt ist. Im Innenhof rascheln Palmen, die Sonne

taucht die Unterrichtsräume in gleißendes Licht. Zur Schule gehört eine kleine Küche, mit Kräutertöpfen auf dem Balkon. Koinè veranstaltet Sprachkurse nach dem Motto: *pane, vino e lingua* – Brot, Wein und Sprache. Man kann hier kochen und dabei Italienisch lernen; man lernt Italienisch und dabei wie die Italiener zu kochen. Eines geht dabei ins andere, so natürlich wie möglich. Zu dieser Natürlichkeit gehört aber auch so etwas wie Wahrheit. Und das bedeutet an der Schule: Italien so zu zeigen, wie es ist. Nicht, wie man es haben möchte. Deshalb muten die Lehrer den Schülern Realitäten zu, die so gar nichts zu tun haben mit den Wunschbildern, die sich die Schulbesucher, die aus allen Teilen der Welt hierherkommen, über das Land, in dem die Zitronen blühen, so gemacht haben. Die wichtigste Wahrheit, die man uns in der ersten Unterrichtsstunde erklärt, lautet: *»non c'è Italia«* – Italien gibt es nicht.

Pasta für alle

Italien ist eine junge Nation. Das Land wurde 1861 erst zu einem Königreich vereinigt. Davor gab es viele Italien: die Toskana und die Lombardei, Venetien und das Piemont, Sizilien und Kalabrien, Apulien und das Friaul – und etliche andere Regionen, Stadtstaaten, Fürsten- und Königtümer. Alle hatten ihren eigenen Dialekt, ihre eigenen Sitten und ihre ureigenen Spe-

zialitäten. Trotz seiner kulturellen Verschiedenheit hat es das vereinigte Italien zuwege gebracht, nach außen hin den Eindruck vollkommener kultureller Harmonie zu vermitteln. Zumindest was die Lust seiner Landsleute am guten Essen betrifft. Heute glaubt die ganze Welt, mit dem mythischen Schlaraffenland könne wohl nur Italien gemeint gewesen sein, ein märchenhaft üppiges Land, in dem die Menschen in einer Wolke der Seligkeit leben, die mindestens seit Erdzeitaltern vom warmen, süßlichen Wohlgeruch nach Pizza und Pasta geschwängert ist. Bella Italia wird als ein Mekka des Matriarchats wahrgenommen, in dem wohlbeleibte, sympathisch rotwangige Personifikationen der Mütter- und Großmütterlichkeit den lieben langen Tag nichts anderes machen, als Pastateig zu kneten und Tortellini zu formen. Wenn man in den Zeitschriften blättert, die rund um den Globus kulinarische Reisereportagen über Italien veröffentlichen, dann kann man nicht anders, als solchen Wunschträumen zu verfallen. Italien ist vielleicht eine der schönsten Illusionen, die sich die Menschen leisten. Als Tourist kann man in diesem Land ohne Schwierigkeiten ein paar Wochen lang so tun, als sei

man in das Arkadien der guten alten Zeit hineingetaucht, in der bemerkenswert dekolletierte Köchinnen mit bäuerlichen Zutaten jeden Tag für ihre Familien aufkochen und an einem bunt gedeckten Tisch im Freien Dinge auftragen, die satt und glücklich machen und dazu noch sehr, sehr gesund sind.

In Wirklichkeit wurde die Mittelmeerdiät in den 1950er-Jahren von dem amerikanischen Herz-Kreislauf-Spezialisten Ancel Keys erfunden und den Italienern in einem außerordentlich erfolgreichen Aufklärungsmarathon schmackhaft gemacht. Vor dieser Fisch- und-Olivenöl-Ernährungskampagne bevorzugten sie zum Kochen Schweineschmalz. Die Pizza war noch vor gut 100 Jahren außerhalb des neapolitanischen Südens im restlichen Italien so gut wie unbekannt. Und die kunstvoll gefaltete oder mit Fleisch gefüllte Pasta, wie sie sich uns in Form von Tortellini und Ravioli darbietet, war ursprünglich keine bäuerliche, sondern eine städtisch-höfische Spezialität. Sie wurde erst im Laufe des 20. Jahrhunderts zu einem nationalen Projekt.

Giorgio Locatelli, einer der bekanntesten italienischen Köche der Gegenwart, ließ in seinem Kochbuch »Made in Italy« über die Italiener folgenden Spruch ab: »Unser Körper besteht zu zwei Dritteln aus Nudeln!« Aus diesen Worten spricht Stolz. Locatelli hätte genauso gut sagen können: Wir Italiener beziehen zwei Drittel unserer Identität aus der Pasta. Zumindest scheint dies heute so zu sein. Allerdings ist die Pastaversessenheit der Italiener nicht die natürliche Folge einer genetischen Prädisposition, sondern das Resultat einer gesellschaftlichen Entwicklung, die phasenweise massiv politisch gesteuert wurde. Bis zum Beginn des italienischen Wirtschaftswunders in den 1950er-Jahren fühlte sich die italienische Identität des Großteils der Bevölkerung ziemlich unangenehm an. Sie war von Hunger und Entbehrung gekennzeichnet und von der nagenden Sehnsucht danach, endlich einmal satt zu werden und all die Dinge genießen zu können, die bei den reichen Städtern täglich auf den Tisch kamen: Fleisch und frische Pasta aus Eierteig. Bis in die Mitte des 20. Jahrhunderts hinein war Italien gemeinhin nicht das Land des Überflusses, sondern ein Land des Mangels. Die ländliche Bevölkerung ernährte sich von Bohnen und Kichererbsen und dünner Gemüsesuppe, von hartem Brot, das in Zwiebelbrühe einge-

brockt wurde, von Knoblauch und grobem Maismehl. Die modische Vergötterung der schlichten bäuerlichen Kost, wie sie von einfältigen Gourmetdandys des 21. Jahrhunderts betrieben wird, wäre ihnen wie Hohn erschienen. Aus Maismehl wird Polenta gemacht. Polentabrei war, wenn man so möchte, das Eingangstor zum vermeintlichen Schlaraffenland Italien. Er war die eigentliche Pasta all jener Italiener, die nicht in einem städtischen Palazzo sitzen und sich der Fettlebe mit gebratenem Huhn, geschmortem Kaninchen, Lammkoteletts und mit faschierter Mortadella gefüllten Tortellini hingeben durften, wie etwa die Gentiluomini in *Bologna grassa* – im fetten Bologna, wie man die Stadt in Italien nennt. Wie anderswo der Hirsebrei war die Polenta das tägliche Brot der kleinen Leute. Italien verfügt nicht in all seinen Regionen über fruchtbare Böden. Es war bis zur landwirtschaftlichen Technikrevolution nach dem Zweiten Weltkrieg ein in weiten Teilen karges und nur mit Mühe zu bestellendes Land. Die Bauern, die in sengender Hitze für ihre Grundherren den Boden beackern mussten, konnten vom Pastaparadies nur träumen. Wenn sie das Brot für ihre Suppe hin und wieder in etwas Schweineschmalz anrösten konnten, war das für sie ein Fest. Giorgio Locatelli fand auch dafür das passende Bild: »Früher, als das Fleisch noch teuer war, kam die Entdeckung eines Fleischklößchens in einem Gericht dem Fund eines Goldnuggets gleich.« Die Bemerkung spielt auf das Lieblingsgericht der nach Amerika ausgewanderten Italiener an: Spaghetti mit Fleischklößchen. Dieses Gericht symbolisiert nahezu alles, wonach sich Italiener verzehrten, denen nichts anderes übrig geblieben war, als vor dem Hunger in ihrer Heimat scharenweise in die Neue Welt zu flüchten: jeden Tag ein Nudelgericht auf dem Teller, und jeden Tag Fleisch. Vor allem die Neapolitaner wussten ein Lied davon zu singen. Aus ihrer Gegend ist eine Bettelballade überliefert: »Bin ein armer, kleiner Bube,

hab' kein Bett und keine Stube, möcht' die Hosen gern versetzen, um mich an Nudeln zu ergetzen.«

Der Historiker John Dickie verfasste vor ein paar Jahren eine Kulturgeschichte der italienischen Küche, die zum Besten gehört, was je über dieses Thema geschrieben wurde. Er weist Punkt für Punkt nach, dass Pasta nicht gleich Pasta ist und dass insbesondere die hausgemachte frische Pasta aus Eierteig – die wir heute nahezu zwangsläufig mit der bäuerlichen italienischen Urmamma assoziieren – ihren Ursprung in den Städten hat und nicht auf dem Land. Als vor ein paar Jahren eine Journalistin zur toskanischen Sterneköchin Valeria Piccini reiste, die eine Symbolfigur der verfeinerten *cucina casalinga* ist, wunderte sie sich, dass Piccini ihre Papardelle mit Hasenragout auf feinstem Limoges-Porzellan servieren lässt. Damit bewies die Reporterin Gespür für einen vermeintlichen Widerspruch. *Pasta fatta a casa* wie die Papardelle, die aus feinstem Weizenmehl mit Eiern hergestellt werden, sowie insbesondere auch das Hasenragout sind kulturgeschichtlich als eine Speise der oberen Zehntausend zu bewerten. So etwas aßen die Bürger von Florenz. Nicht aber die Bauern, die in den Hügeln der Toskana in Steinhütten lebten.

Es musste erst einer wie Benito Mussolini kommen, der den kleinen Leuten, die er hinter sich bringen wollte, den Mund insofern wässrig machte, als er ihnen landauf, landab. Pasta verordnete. Die Pasta aus Hartweizen und Wasser, aus der man in Italien seit dem Hochmittelalter Makkaroni und Spaghetti macht, war nicht von Marco Polo, sondern, wesentlich früher schon, von nordafrikanischen Händlern um das 10. Jahrhundert in Sizilien eingeführt worden. John Dickie dröselt die Entwicklungsstränge dieser kulinarischen Kulturrevolution en détail auf und macht nachvollziehbar, auf welchen Wegen die *pastasciutta* – die trockene Pasta – von Sizilien nach Neapel kam und wie sie sich von dort aus über die

Jahrhunderte auch in anderen Teilen Italiens als städtisches Armeleuteessen etablierte. Als Mussolini an die Macht kam, hatte die Pastasciutta bereits an die 1000 Jahre Zeit gehabt, sich zu einem populären Kleinbürgergericht emporzuschwingen, das man sich zwar nicht jeden Tag, aber doch wenigstens an Sonn- und Festtagen leisten konnte.

Mussolinis Faschismus wusste die kollektive Erinnerung der Italiener an das Trauma der Hungerepochen weidlich für sich zu nutzen. Seine Propagandamaschinerie ging der breiten Bevölkerung unter anderem auch mittels eines groß angelegten Ernährungsfeldzugs um den Bart. Ähnlich wie Hitler, der in Deutschland den Eintopfsonntag verherrlichen ließ, spielte auch Mussolini die Dialektik aus Einfachheit und Versorgungsmentalität, die ins Herz der kleinbürgerlichen Seele traf, effektreich aus. Mussolini predigte die fleischlose Kost, um seine Landsleute vor den vermeintlichen Fängen der Verweichlichung zu bewahren. Die Italiener sollten gut genährt, aber nicht gepäppelt werden. Er förderte den Anbau von Hartweizenfeldern in ganz Italien, er ließ landwirtschaftliche Leistungsschauen veranstalten, auf denen in kulissenhaften Talmi-Bauerndörfern der Kult des ehrlichen Handwerks, des Brotbackens und der Herstellung frischen Nudelteigs, zelebriert wurde. Vor allem förderte er die italienische Landfrauenbewegung. Anfang der 1930er-Jahre, schreibt Dickie, waren bereits an die drei Millionen Frauen in diese Abteilung der faschistischen Partei Italiens eingetreten.

Der Zweck der Mobilmachung war die Etablierung einer Volksgemeinschaft, die sich unter der symbolschwangeren Dreifaltigkeit *famiglia*, *mamma*, *pasta* zusammenfindet. Die kulturellen Wurzeln des Kults um die erhabene Mutterschaft reichen weit in die Vergangenheit zurück; sie sind unter anderem eng verflochten mit der Breitenwirkung des Marienkults der katholischen Kirche. 1929 wurde der Katholizismus in Italien erstmals Staatsreligion. Die Hausfrauen-Glorifizierung, die auch in Hitlerdeutschland ihre nachhaltige Wirkung nicht verfehlte, ist insofern keine Erfindung des Faschismus. Mussolini hat sich ihrer bedient, sie sentimental zugespitzt und für sein Ziel benutzt, die noch unsichere, junge nationale Identität der Italiener nach seinen Maximen zu formen. Dickie resümiert: »Für Mussolini gab es eine Traumfrau, die er in Propagandafilmen und bei Ordensverleihungen feierte. Sie war breithüftig und mit einem üppigen Busen ausgestattet; sie konnte Weizen dreschen, Hühner halten und kleine Legionäre zur Welt bringen; sie entstammte der lebenslustigen Landbevölkerung. Die ideale Italienerin des Duce war eine Hausfrau vom Land.«

Pastakitsch?

Die Beliebtheit der Pasta wird durch diese historische Episode dennoch nur unzureichend erklärt. Die Pastapropaganda des italienischen Faschismus ist lediglich ein Puzzleteil des Sehnsuchtsbilds vom glücklichen Nudelland Italien, dessen Faszination wahrscheinlich niemals vollständig erklärt werden kann. Der Hunger vergangener Zeiten nimmt einen Großteil dieses Puzzlebilds ein. Ein weiteres Puzzleteil ist die seit Jahrhunderten zu beobachtende Atomisierung der italienischen Gesellschaft in Abertausende von Kleinstimperien, genannt: Familie. Mentalitätsgeschichtlich – nicht staatsrechtlich! – betrachtet, ist die Familie die grundlegende gesellschaftspolitische Ordnungsmacht Italiens. Danach erst kommt in der individuellen Wahrnehmung des Einzelnen die Kommune sowie die geografische oder kulturelle Region als identitätsstiftender Herkunftsraum, als eigentliche Heimat. Man ist in erster Linie Apulier oder Florentiner, man ist Römer oder Sizilianer. Italiener ist man in letzter Konsequenz. Und der Staat? Ist ein vergleichsweise junges Konstrukt. Die Nation Italien ist gerade einmal 150 Jahre alt.

Ähnliche politische Vorbedingungen gab es beispielsweise in Deutschland auch. Auch Deutschland ist eine vergleichsweise junge Nation. Auch in Deutschland ist man in erster Linie gefühlter Bayer oder Hamburger oder Westfale. Auch in Deutschland gibt es eine Fülle regionaler Spezialitäten. Nichtsdestotrotz konnte sich in diesem Land nie eine kollektive Begeisterung, ja eine grenzübergreifende, tiefe Verehrung aller Deutschen für ein alle glücklich machendes Nationalgericht herausbilden. In Deutschland gibt keinen landesweit ausgeübten Anbetungsritus für die Frikadelle oder den Kartoffelsalat mit Würstchen. Schon gar nicht für den Salat mit Putenstreifen oder das Champignonrahmschnitzel. In Deutschland gibt

es allerdings seit mindestens 20 Jahren – wie in anderen Ländern der westlichen Welt ebenfalls: einen kulinarischen Kult um die Pasta, der ebenso zu einer Ideologie geworden ist wie die Olivenölanbetung.

Warum ist das so? Es muss wohl – Politik, Ideologie, Ökonomie hin oder her – unbedingt auch etwas mit der Nudel an sich zu tun haben. Teige aus Mehl und Wasser, mit oder ohne Eier, zählen zu den ältesten Rezepten der Menschheit. Ihnen haftet etwas Vertrautes, Anheimelndes an, sie sind für Erwachsene das, was Brei für Kinder ist: gesellschaftlich akzeptierte Schlabberkost, die man kaum kauen muss. Jede Nudel, die man hinunterschluckt, erinnert in ihrer milchigen Süßlichkeit an den ersten Schluck Milch, den jeder von uns einmal genossen hat. Auch daraus wohl bezieht die Nudelküche ihre unschlagbare emotionale Kraft. Sie ist Soulfood – wie der Sonntagsbraten, der Kuchen, der Pudding und das Brot. Dass sie für Wärme und Zu-

Bella figura: Sophia Loren, Italiens Mutter der Nation, beim Pastakochen, Venedig 1955.

wendung steht, hat mit dem enormen Aufwand zu tun, den ihre Zubereitung erfordert. Wenn eine mütterlich wirkende Person die Mühe auf sich nimmt, das Ritual der Nudelherstellung zu zelebrieren, den Teig hingebungsvoll zu kneten und zu walken und zu formen, wie eine Priesterin, die eine Liturgie feiert, dann sind die Assoziationen an Geborgenheit, an den Pastahimmel und an das tröstliche »wie bei Muttern« wirklich nicht mehr weit hergeholt.

Dass die Nudel mit ihrer Fiktion der Fülle aber auch ihre erotische Anziehungskraft nicht verhehlen kann und dass sich mit diesem Pfund wunderbar wuchern und kokettieren lässt, hat kaum eine Frau so gut für sich zu nutzen gewusst wie Sophia Loren. Drei Jahre nach der Geburt ihres ersten Sohnes gab sie 1971 ein Kochbuch heraus, das zum Zeitpunkt seines Erscheinens in Italien fast so etwas wie Bibelstatus erreichte. Es trägt den Titel »In cucina con amore« und enthält haufenweise Rezepte für mächtige Nudel-

aufläufe mit Schweineschmalz. Das Buch erschien genau zu der Zeit, als die italienische Frauenbewegung an Fahrt gewann. Damals warfen die jungen Italienerinnen zuhauf ihre Küchenschürzen in die Ecke und beschlossen, nicht mehr länger Mammafiguren mit Heiligenstatus sein zu wollen. Sophia lieferte ihnen dazu die Munition. Sie schrieb: »Die Männer, die sich ›altmodisch‹ nennen, aber in der Vergangenheit nichts gelernt haben und in der Gegenwart einfach nicht zur Kenntnis nehmen, dass die Frau heutzutage arbeitet – diese Männer werden an meinen Überlegungen Anstoß nehmen und sich sogar empören. Wie – so werden sie sagen –, ein Mann mit Schürze und am Herd, genau wie eine Hausfrau? Nun ja, warum nicht?«

Cosetta hat recht: La Mamma ist mehr Wunsch als Wirklichkeit. Die Magie der Pasta bleibt davon jedoch unberührt. Pasta schmeckt sowieso am allerbesten, wenn man sie mit allem Möglichen würzt. Bloß nicht mit einer Ideologie.

Marillenknödel

Ein Rezept von Sissy Sonnleitner, Restaurant Landhaus Kellerwand, Kötschach–Mauthen, Österreich

ZUTATEN FÜR 14–16 STÜCK

500 g Topfen* oder halbfetter Quark · 250 g griffiges Weizenmehl
125 g Butter · 1 Ei · Salz · 14 - 16 Marillen (Aprikosen)
je 1 Stück Zucker · 300 g Semmelbrösel · 70 g Butter · ½ TL Ceylonzimt
Puderzucker · etwas Butterschmalz

ZUBEREITUNG

Aus Topfen, Butter, Ei, Mehl und Salz einen Teig kneten, zu einer Rolle formen
und ca. 30 Minuten ruhen lassen. Die Marillen entkernen und je 1 Zuckerstück
hineinlegen. In einem großen, hohen Topf Salzwasser zum Sieden bringen. Je
1 Marille gut mit Teig umwickeln, zu einer Kugel formen und im leise köchelnden
Salzwasser ca. 15 Minuten garen lassen. In der Zwischenzeit die Butter in einer
Pfanne schmelzen und die Semmelbrösel darin leicht anrösten, mit Zimt abschmecken. In einem separaten Pfännchen das Butterschmalz ebenfalls schmelzen. Die fertigen Knödel auf Küchenkrepp abtropfen lassen, in der Semmelbrö-
selbutter wälzen, auf vorgewärmte Teller legen, mit Puderzucker bestäuben und
mit etwas Butterschmalz beträufeln. (Sissy Sonnleitner reicht dazu ein Marillen-
kompott.)

** Topfen ist eine österreichische Spezialität aus abgetropftem Quark. Er enthält weniger Wasser als der in
Deutschland hergestellte Quark und eignet sich besonders gut als Füllung und Teigzutat.*

Worauf es ankommt

Elizabeth David (1913 – 1992)

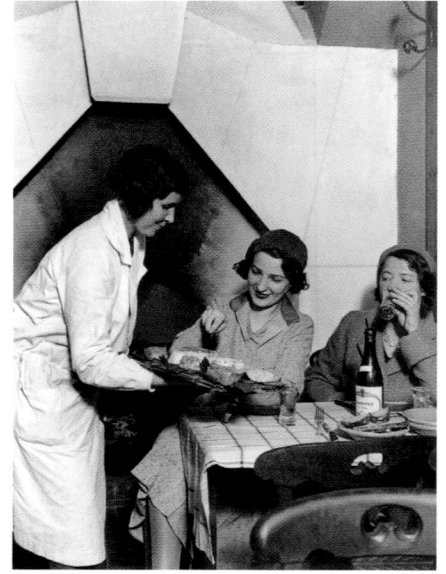

In einem Dorf am Ufer der Loire, in einem unscheinbaren, ein wenig schäbig wirkenden Gasthaus, genoss Elizabeth David Mitte der Fünfzigerjahre eines der beglückendsten Essen ihres Lebens. Sie war auf Recherchereise durch Frankreich unterwegs, zu einer Jahreszeit, in der die Wirte kaum mit Gästen rechneten, und so war auch die Wirtsfrau der rustikalen Kaschemme an der Loire nicht unbedingt auf Kundschaft eingestellt. Auf Elizabeths Frage, ob es wohl etwas zu mittagessen gebe, antwortete sie, sie habe kaum etwas vorrätig, aber für ein Omelett mit etwas Brot und für ein Dessert würde es wohl reichen. Kurz darauf brachte die Wirtstochter für Elizabeth ein Omelett aus der Küche, das sich als dottergelber, sündhaft nach Butter schmeckender Traum herausstellte, und auch das Dessert erwies sich als schlicht und einfach perfekt: »Da stand sie, die große Schüssel aus Glas, zur Hälfte gefüllt mit weichem, sehr weißem, sehr frischem Frischkäse, bedeckt mit einer dicken Schicht frischer, fetter Sahne [...]. Es war absolut *first class*, nicht im mindesten prätentiös, durch und durch qualitätvoll, sehr gute bürgerliche französische Küche, die Zutaten sorgfältig ausgewählt, traditionell zubereitet und mit feinem ästhetischem Gespür präsentiert.«

Wenn Elizabeth David sich über ein Restaurant, eine Speise, ein Kochbuch oder ein Rezept ihr Urteil bildete, konnte sie sicher sein, dass dies für ihre Leserschaft Gewicht haben würde. Seit der Veröffentlichung ihres ersten Kochbuchs »A Book of Mediterranean Food«, 1950, hatte sie sich den Ruf einer Koryphäe der Gourmandise erworben, einer sorgsam urteilenden, geschmackssicheren und erfahrenen Kennerin der Esskulturen Frankreichs und der Mittelmeerländer. Fast ein halbes Jahrhundert bevor Jamie Oliver den breiteren Schichten Englands Appetit auf eine unkomplizierte Marktküche machen würde, lange bevor er mit seinen farbenfrohen Rezepten für Gemüse und Pasta als TV-Koch Furore machen konnte, hatte Elizabeth David bereits die Herzen und Mägen der Engländer für die frischen, unaufgeregten, bunten Rezepte des Südens erwärmt. Als sie 1992 starb, schrieb die Zeitung *Newsday* in einem Nachruf, es sei Elizabeth David zu verdanken, dass sich »die Art, wie wir kochen, einkaufen und essen, verändert hat«.

Elizabeth David gab sich in der Öffentlichkeit zurückhaltend. Fernsehauftritte und Interviews waren ihr ein Gräuel, und im Radio aufzutreten, wie das ihre Kollegin Marguerite Patten tat, die während des

Zweiten Weltkriegs über BBC Ratschläge für das Kochen in Notzeiten verbreitete, wäre keineswegs nach ihrem Geschmack gewesen. Elizabeth David war ein schwieriger Charakter. Sie wusste, dass sie einflussreich war, und gab sich in Bezug auf ihre Person dennoch publicityscheu bis zur Kratzbürstigkeit, sie wirkte nach außen hin streng und bisweilen unterkühlt bis hin zur Arroganz und war doch über die Maßen empfindsam und nicht eben gering begabt für Temperamentsausbrüche und Wildheiten. Als ältere Dame trat sie stets elegant in Erscheinung, in schwarzem Tailleur mit weißer Bluse, das grau melierte Haar zum Chignon geformt. Andererseits zeigte sie sich auf einem ihrer Lieblingsfotos als spitzbübisch wirkende, burschikose Frau in den Vierzigern, in Schlabberhose und Männerhemd auf dem Boden sitzend, den Kopf provozierend in den Nacken gelegt. So mochte sie sich am liebsten sehen. Eigensinnig und unabhängig. Sie schrieb und kochte, wie sie lebte: kompromisslos, skeptisch gegenüber allem Verschnörkelten und mit unbedingter Leidenschaft für Qualität.

Elizabeth im Wunderland

Elizabeth David, geborene Gwynne, kommt am zweiten Weihnachtsfeiertag 1913 auf Wootton Manor in Sussex zur Welt. Ihr Vater Rupert Gwynne ist Mitglied des Parlaments für die konservative Partei, ihre Mutter Stella, eine geborene Viscountess Ridley, entstammt ebenfalls der konservativen Oberschicht. Ihren Kindern Elizabeth, Priscilla, Diana und Felicité ist Stella eine unterkühlte, unnahbare Mutter. Elizabeths Erinnerungen an ihre Kindheit ranken sich nicht selten um unerquickliche Familienszenen, etwa die förmlich-steife Teatime mit der Mutter als nachmittäglicher Pflichttermin, bei dem es den Töchtern untersagt war, Sahne in den Tee zu geben, vermutlich,

weil die mondäne Stella fürchtete, ihre Mädchen könnten Babyspeck ansetzen. Stella war überhaupt von der Sorge getrieben, ihren Kindern eine möglichst genussfreie Kost zuteil werden zu lassen, sie hatte lediglich nahrhaft und sättigend zu sein, ansonsten galt Essen im Hause Gwynne als nebensächlichste Nebensache der Welt. Bei Elizabeth erzeugte diese Haltung den gegenteiligen Effekt. Es machte sie trotzig. Sie entwickelte eine tief greifende Verachtung für das Essen ihres Elternhauses: »[...] das verkochte Gemüse, die glibberigen Puddings und die Kartoffeln, die so lange gedämpft wurden, bis sie staubtrocken waren«. Elizabeth riss mehrere Male von zu Hause aus, pflegte ihren kindlichen Dickschädel, gab sich ungestüm und zu Streichen aufgelegt und scherte sich keinen Deut um gesellschaftliche Regeln wie Pünktlichkeit, womit sie ihre Mutter zur Weißglut brachte.

Das Lieblingsbuch ihrer Kindheit war »Alice im Wunderland«. So fantastisch der Autor Lewis Carroll die Erlebnisse der kleinen Alice in der Welt der pfeiferauchenden Raupen, livrierten Kaninchen und tanzenden Hummer schilderte, so gestaltete sich auch Elizabeths Schicksal in der ersten Lebenshälfte: bizarr und voller überraschender Wendungen. Kaum aus der Pubertät, kehrt Elizabeth dem Upperclass-

Oben: Lange vor Jamie Oliver machte sie die italienische Küche in England populär: Elizabeth David.

Leben ihres Elternhauses mit seinen immergleichen gesellschaftlichen Ritualen den Rücken. Sie schreibt sich mit 16 an der Sorbonne ein und lernt in diesen Jahren in Paris die bürgerliche französische Küche schätzen, deren Sahne- und Butterlastigkeit ihr sehr zusagt. Zurück in England ist sie auf der Suche nach einem Platz im Leben. Sie versucht sich als Schauspielerin, tritt auf der Bühne und in kleineren Filmchen in Nebenrollen auf, kleidet und schminkt sich wie die Garbo und kocht in den Theaterpausen Tee für die schauspielernde Truppe. Im Kreise der künstlerischen Boheme entdeckt sie ihre Schwäche für intellektuelle Haudegen – Männer mit dem Appeal von Abenteurerschweiß, Sex und einem Schuss Poesie. Sie beginnt eine Affäre mit dem Schauspieler und Schriftsteller Charles Gibson Cowan, einem Wildromantiker aus der Londoner Arbeiterklasse, der Seemannsblut in den Adern und Fernweh im Herzen hat. Charles ist der Fleisch gewordene Albtraum aller Schwiegermütter, und auch Stella schaudert es bei der Vorstellung, dass ihre Tochter sich mit einem solchen Straßenköter herumtreibt. Dass Elizabeth macht, was sie will, weiß Stella allerdings nur zu gut. Im Frühjahr 1938 kratzen Elizabeth und Charles das nötige Geld zusammen, um sich die Segelyacht Evelyn Hope zu kaufen. Im Sommer 1939 stechen sie Richtung Frankreich in See.

Was nun folgt, wird zu einer Odyssee. Die Reise beginnt als Trip ins Blaue hinein und endet als Irrfahrt. Charles und Elizabeth werden im Hafen von Marseille vom Ausbruch des Zweiten Weltkriegs überrascht. Sie können nicht nach England zurück. Ihre Weiterfahrt wird zur Flucht vor der Invasion der Deutschen, sie schippern von Hafen zu Hafen, entlang der Küsten des Mittelmeers, Antibes, Korsika, Venedig, Triest, sie werden in Italien interniert, können sich nach ihrer Freilassung bis Griechenland durchschlagen, richten sich auf der Insel Syros und in Athen notdürftig ein, bis Elizabeth sich schließlich mithilfe von Freunden weiter nach Ägypten durchschlägt. In Kairo lernt sie 1944 Anthony David kennen, einen Offizier der britisch-indischen Armee. Die beiden heiraten und siedeln nach Delhi, doch als Elizabeth 1946 schwer erkrankt, kehrt sie, erschöpft und desillusioniert von der Ehe, nach England zurück.

In diesen turbulenten Jahren findet sie zu sich. Schon während ihres ersten Aufenthalts in Frankreich hatte sie einen fast unstillbaren Appetit entwickelt auf die Düfte und Farben der Küche des Mittelmeers, auf Muscheln und Wein, Kräuter und Oliven, Fisch, Gemüse und die Früchte des Südens. Sie beginnt zu kochen – »wie eine Besessene«, wie sie rückblickend gesteht. Sie verlässt kaum ein Restaurant oder ein gastliches Haus, ohne nach einem Rezept zu fragen, und lernt, den Kochstil der Hausfrauen des Mittelmeerraums für sich zu perfektionieren: superfrische, erntereife Produkte ohne Effekthascherei zubereitet, farbenfroh, aromatisch und sonnig auf den Teller gebracht. Sie nennt es: *food for the imagination* – Futter für die Fantasie. Als sie sich von Charles trennt, schenkt sie ihm zum Abschied ihr Kindheitsexemplar von »Alice im Wunderland« und schreibt dazu: »Nie werde ich die Weine Frankreichs vergessen und auch nicht den Hummer mit Mayonnaise, die wir beide, auf dem Weg von einem Leben in ein anderes, zusammen genossen haben.«

Frühlingserwachen

Kochen zu lernen kam für Elizabeth einem Befreiungsschlag gleich. Es war der endgültige Bruch mit der formalistischen Strenge der Mutter, mit den freudlosen Speisekonventionen ihrer Kinderstube. Die Gerichte, die sie während ihrer Jahre im Süden für Liebhaber und Freunde improvisiert, tragen den Geschmack des Abenteuers in sich. Frühmorgens kriecht sie aus der Kajüte der Evelyn Hope, geht zu den Fischern am Quai, atmet den Geruch des nächtlichen Fangs, berauscht sich am Duft von Algen und Meer, kauft Miesmuscheln, Krebse, Austern. Ihr Leben auf dem Schiff gleicht einer Kitschpostkarte: Sonne, Liebe, Essen. Billiger Wein aus Algerien fließt auf der Evelyn Hope in Strömen. Elizabeth erweist sich als trinkfeste Zechkumpanin. In Italien lernt sie, wie man Pizza macht, auf Syrus wird ihr bewusst, dass es für die gute Küche nicht unbedingt eine Batterie an Kupfertöpfen oder Extravaganzen braucht. Sie kocht, was die Einheimischen kochen. Mit einem überschaubaren Repertoire an Zutaten: Olivenöl, Schafskäse, getrocknete Bohnen, Tomaten, Eier, Feigen und Fisch – sie begreift, dass der Umgang mit wenigen Grundzutaten ein Spiel mit Variationen ist. Eines ihrer Lieblingsrezepte ist ein Salat aus schwarzen Oliven, Anchovis und Eiern. Sie wird ihr Leben lang an dem Credo festhalten: »Solange ich grundlegende Zutaten wie Eier, Zwiebeln, Petersilie, Zitronen, Orangen, Brot und Tomaten frisch zu Hause habe, bin ich jederzeit in der Lage, eine gute Mahlzeit zuzubereiten.«

Im England des Jahres 1946 herrscht an diesen Dingen Mangel. Und nicht nur daran. Das Land steht, wie Kontinentaleuropa auch, vor einem der schlimmsten Hungerwinter der Geschichte. Hinzu kommt, dass die Rationierungspolitik der Nachkriegszeit das Inselreich Großbritannien besonders grausam in den Klammergriff nimmt: Hier dauert es bis 1954, bis endlich frische Zutaten allgemein wieder erhältlich sind. Bis dahin muss sich die Mehrheit der Engländer rund zehn Jahre lang von Sojafertignahrung, Eipulver, Corned Beef und Tütensuppen ernähren. Es gibt zwar Walfleisch und Pferdefleisch gegen Rationierungs-

Der Traum vom guten Leben: Jan Brueghel der Ältere,
»Allegorie des Geschmacksinns«, 1617–1618.

marken, aber kaum Gewürze, es gibt Obst, aber fast ausschließlich in Büchsen, Kohlenhydrate vorwiegend aus der Packung, und zum Kochen und aufs Brot zu streichen gibt es nur billiges Fett. Die Briefe, die Elizabeth mit Freunden und Familie tauscht, lesen sich bedrückend. Man klagt sich gegenseitig sein Leid über die traurig machende Nahrungssituation. Doch Elizabeth hat ihren Landsleuten etwas voraus: Sie trägt den Geschmack des Südens noch auf der Zunge und hat die impressionistischen Farben der Mittelmeerküche lebhaft in Erinnerung. Die Bilder im Kopf allein machen jedoch nicht satt. Sie sehnt sich nach Wärme, nach Gemüse mit Biss, würzigen Kräutern, nach Essen, das die Seele hüpfen lässt: »In mir entstand ein ungeheures Verlangen nach Sonne, ein wütendes Aufbegehren gegen dieses freudlose, herzlose Essen.« Die Geschmackserinnerungen an ihre Mittelmeerjahre befeuern ihre Imagination. Sie beginnt, den immensen Fundus an mitgebrachten Rezepten zu sortieren und aufzubereiten – und schreibt ihn auf. England hungert nach Farbtupfern auf dem Teller, und Elizabeth setzt diese Farbtupfer nicht mit dem Pinsel, sondern mit der Feder. »A Book of Mediterranean Food« wird ein Publikumserfolg; 1951 folgt »French Country Cooking«, 1954 der Longseller »Italian Food«, 1955

erscheint »Summer Cooking«. Hinzu kommen kulinarische Reisereportagen und Kolumnen für *Harper's*, *House and Garden*, *Vogue* und die Tageszeitungen *The Sunday Times* und *Daily Express*.

So leidenschaftlich, wie Elizabeth am Mittelmeer gelebt hat, so innig und ausgelassen die Momente mit ihren Freunden und Liebhabern waren, so intensiv schildert sie auch ihre kulinarischen Erinnerungen. Sie versteht es, Stimmungen und Atmosphäre, Farben und Düfte heraufzubeschwören. Jedes neue Lebensmittel, das sie in diesen Jahren kennenlernt, wird für sie zum Ausdruck einer besonderen, ureigenen Kultur, zum Symbol eines Lebensgefühls, das an Klima, Landschaften und Menschen gebunden ist. In der Sprache des Weins nennt man so etwas *terroir*. Und noch etwas zeichnet Elizabeth Davids kulinarische Prosa aus: Sie ist hemmungslos subjektiv und gerade deshalb glaubwürdig und authentisch. Sie gibt niemals vor, Standards zu objektivieren. Es ist *sie*, die etwas isst. Und es ist *sie*, die darüber urteilt. Eine Mahlzeit ist für sie ein durch und durch emotionales Geschehen. Ist die Erfahrung mit einer Mahlzeit gut, scheut sie sich nicht, daraus strikte Qualitätsmaßstäbe abzuleiten. Ist die Erfahrung schlecht, ruft das ihren Zorn hervor. Sie bildet eine Haltung aus –

Grundlage jeder urteilenden Autorität. Als sie an der Sorbonne studierte, lebte sie bei einer Wirtsfamilie, die ein Bauernhaus in der Normandie besaß. Dort aß sie während eines Sommeraufenthalts zum ersten Mal *moules à la crème*, Muscheln in Sahnesauce. In ihrem 1960 erschienenen Buch »French Provincial Cooking« schreibt sie darüber: »Bis zum heutigen Tag ist das erste Gericht, das ich mir bestelle, wenn ich an der Küste Nordfrankreichs ankomme, eine Schüssel frischer Muscheln. Und es ist auch jedes Mal das letzte Gericht, das ich dort esse, bevor ich über den Ärmelkanal wieder zurück nach England kehre, und ich tue das, obwohl ich seit meinem ersten Muschelessen in vielen europäischen Ländern Dutzende verschiedener Muschelrezepte gegessen und sie Hunderte Male auch selbst zubereitet habe. Trotzdem erscheint es mir, als hätten all diese Muscheln niemals dieses unverwechselbare Aroma, diese ureigene Persönlichkeit, wie jene Muscheln in der Normandie, die sich so klein und bezaubernd köstlich in ihren schimmernden Schalen präsentieren.«

Mit diesem Stil trifft Elizabeth den Nerv der Zeit. Ihre Erzählungen vom kulinarischen Paradies sind das Ventil für die Wut der Briten auf den Dauerzustand der Nahrungsmittelknappheit. Elizabeth öffnet ihren ausgehungerten Landsleuten die Tür zu einer neuen Welt, zu einer fröhlichen, unkomplizierten Gastlichkeit, deren Atmosphäre von sonnengereiften, sinnlichen Lebensmitteln beflügelt wird.

Der Geschmack des Wesentlichen

Trotzdem rufen ihre Schilderungen und Rezepte da und dort auch Befremden hervor. Mag es auch vielen ihrer Leser vollkommen gleichgültig sein, dass Parmesan, Olivenöl und frische Tomaten in den Fünfziger- und Sechzigerjahren in Großbritannien kaum

erhältlich sind, so gibt es dennoch nicht wenige, die Elizabeths Leidenschaft für gutes Essen irritierend finden. Elizabeths Mittelmeerküche ist wesentlich einfacher zuzubereiten als die stundenlang zu bratenden Fleischstücke der englischen Familienküche, als die immergleichen Rüben und Kohlgemüse und Kartoffeln, die mühsam geputzt und geschält werden müssen, bevor man sie – nach alter Väter Sitte – bis zum Sankt-Nimmerleins-Tag weich kocht. Was als Vereinfachung empfunden werden könnte, liest sich für manche englischen Hausfrauen – durchaus zu Recht – als bewusst in Kauf genommener Bruch mit der Tradition. Elizabeths Vorschläge für schnelle Eierspeisen und frische Salate, für libanesische *Mezze* aus Kichererbsen oder rohe Gemüsestreifen mit Olivenöl erscheinen manchen ihrer Zeitgenossen als »totally alien« – vollkommen außerirdisch. Statt aufwendig anzurührender, im Wasserbad zu dämpfender Puddings schlägt sie eine in Windeseile zuzubereitende Creme aus geschlagener Sahne, Eiweiß und zerdrückten Erdbeeren als Dessert vor. Statt des ewigen Dreiklangs: Fleisch, Kartoffeln, Gemüsebeilage versucht sie, ihren Lesern Gemüsereis oder Omelett mit Sauerampfer als Hauptgericht schmackhaft zu machen. Mehr noch aber verstört sie konservative Briten mit ihrer unverhohlenen Genussfreude. Es steht für sie außer Frage, dass sie ein Recht auf leidenschaftliches Genießen hat, dass sie nicht kocht, weil sie eine Familie satt bekommen muss, sondern aus dem einen, einzigen Grund: Weil sie Lust darauf hat. Es ist die Begegnung mit einem Mann, die sie lehrt, sich diese Freiheit herauszunehmen. Norman Douglas, ein englischer Lebemann, Schriftsteller und

Elizabeth David propagierte eine Küche des Marktes: erntefrisch und passend zur Jahreszeit; Ricardo Lopez Cabrera, »Mercado Incarnación, Sevilla«, 1896.

bohemienhafter Streuner, vermittelt ihr die Durchsetzungskraft, dem Lustprinzip konsequent zu folgen. Als die beiden sich begegnen, 1939 in Antibes, ist Elizabeth 26 Jahre alt und Norman 72. Es wird eine Seelenfreundschaft fürs Leben. Norman ist ein so schamloser wie charmanter Hedonist. Er trägt stets ein Stück Parmesan bei sich, weil ihm der Käse in den südfranzösischen Bistros nicht zusagt. Er kennt keine Scheu, sich davon vor den Augen des Kellners großzügig zu bedienen. Er ist der erste Engländer, den Elizabeth trifft, der sich lustvoll übers Essen verbreitet, ja, mehr noch: der sein Leben als eine einzige Jagd nach gutem Essen begreift – keine Sterneküche, sondern die besten Feigen auf einem Markt in Capri, keine Gänsestopfleber, sondern ein luftiges Stück Brot mit Olivenöl in einem Bistro an der Côte d'Azur. Norman Douglas lebt Elizabeth vor, dass das Beste gerade gut genug sei – und nicht selten etwas ausgesprochen Schlichtes. Er bringt ihr bei, dass Genuss nicht anstößig ist – auch nicht für eine Frau. Das ist bemerkenswert genug in einer Zeit, in der Frauen, die alleine ins Restaurant gehen, eine Provokation darstellen. Selbst im Schlaraffenland Frankreich gilt eine Frau, die sich der Gourmandise verschreibt, in den Vorkriegsjahren als degoutant. Dass Elizabeth sich von Normans hemmungslosem Individualismus an-

spornen lässt, verwundert nicht. Weibliche Vorbilder standen ihr nicht zur Verfügung. Ein gemeinsamer Freund der beiden schreibt in einem Brief an Elizabeth, Norman sei »ein wenig gaga«, ein übler Trinker und Zyniker, aber überaus liebenswert und amüsant. Normans Lebensregel wird für Elizabeth der Kompass ihres Tuns: »Mach, was du willst. Trag die Konsequenzen. Und schick die anderen zur Hölle.«

In ihren Schriften wird sie fürderhin die Lebensmittelindustrie zur Hölle schicken. Sie prangert Konservennahrung und Fertigprodukte an und findet dafür unmissverständliche Worte. Sie nimmt in Kauf, dass sich Firmen bei den Verlagshäusern darüber beschweren. Sie schreibt in einer Zeit, als Verleger unerschrockene Autoren noch als Gütesiegel für ein Verlagshaus betrachten – und entsprechend schützen. Alles Vorgebliche, Verfälschende ist ihr suspekt. Sie ermuntert ihre Leser, den Charakter eines Gerichtes zu erkennen und auf den Punkt zu bringen, sich auf die *essentials* zu konzentrieren und alles Überflüssige wegzulassen. Worauf es ankomme, betont sie, sei das gute, frische Produkt. Zwei, drei Zutaten von erstklassiger Beschaffenheit – mehr brauche es nicht für das Glück des Augenblicks. Eines ihrer letzten Bücher bringt ihre Kochphilosophie auf den Punkt. Es erscheint 1984 und heißt: »An Omelette and a Glass of Wine«.

Scrambled Eggs Variation 77

Ein Rezept von Elizabeth David*

»You must first find fresh eggs laid by hens running about

In the open air and pecking on corn and other wholesome things

Not reared in a cage and crammed with pellets and fish meal

This is the most difficult part

Then you take two or three of those eggs

And a not very large lump of butter,

About half as large as one of the eggs

And a frying pan or a sauté pan, seven or eight inches in diameter

You need also a fork. Salt only comes later, although that is against all the rules

You put the pan over low heat and melt the butter

You break the eggs straight into the pan

You beat them and fold them with the fork

For just about twenty-five seconds until they are in soft and creamy flakes

Now you pour them out into a little dish

I forgot to say that this should be warmed – but not too much –

Or the eggs will go on cooking and they will be spoiled.

Now you sit down and eat them, with the crunchy salt you have put ready on the table

And pepper from a mill ...

With a slice or two of brown bread and some good butter

You now have a feast fit for a poet.«

Rührei-Variation 77

»Vor allem brauchst du frische Eier von Hühnern, die frei herumlaufen
An der frischen Luft, und die Maiskörner picken und gesundes Futter bekommen
Und die man nicht in Käfigen hält und mit Pillen und Fischmehl mästet,
Das ist der schwierigste Teil des Rezepts.
Dann nimmst du zwei oder drei von diesen Eiern
Und ein nicht allzu großes Stückchen Butter, ungefähr halb so groß wie ein Ei,
Und dann nimmst du eine Brat- oder eine Omelettepfanne, 18 bis 20 cm Durchmesser
Und natürlich auch eine Gabel. Salz nimmst du ganz zum Schluss erst, obwohl das ganz gegen die Regel ist.
Dann stellst du die Pfanne bei mittlerer Hitze auf den Herd und lässt die Butter darin schmelzen
Und schlägst die Eier direkt hinein
Und rührst und wendest sie mit der Gabel
Ungefähr 25 Sekunden lang, bis sie weiche, sahnige Wellen schlagen,
Und lässt sie auf einen kleinen Teller gleiten
Ich vergaß zu erwähnen, dass der vorgewärmt sein sollte – aber nicht zu sehr –
Weil sonst die Eier darauf weitergaren, was das Gericht verderben würde.
Dann setzt du dich hin und isst sie, mit etwas knusprigem, grobem Meersalz, das du bereits auf den Tisch gestellt hast,
Und Pfeffer aus der Mühle ...
Mit ein oder zwei Scheiben dunklen Brots und etwas guter Butter
Ergibt das einen Festschmaus, wie ihn ein Dichter nicht schöner besingen könnte.«

*Elizabeth David schrieb dieses Gedicht 1977. Es war als Geburtstagsgeschenk für John Lehmann gedacht, den Herausgeber ihrer Bücher »A Book of Mediterranean Food« und »French Country Cooking«. Es ist das einzige Rezept, das sie jemals in Versform verfasste. Ihre Biografin Artemis Cooper hat es überliefert.

13

Der kaiserlich-königliche Serviettenknödel

Wie böhmische Köchinnen den Ruhm der Wiener Küche mehrten

An einem Februarsonntag Mitte der 1920er-Jahre saß der Student der Jurisprudenz Joseph Wechsberg auf dem Kanapee in der Wohnung seiner Cousine Steffi im Wiener Bezirk Schönbrunn. Das einverleibte Mittagessen, bestehend aus Bachforelle, Wiener Schnitzel und Millirahmstrudel, befand sich noch im Zustande der Halbverdautheit, als sich Wechsberg vor eine nicht unerhebliche Prüfung seiner Moral gestellt sah. Draußen hatte es zu dämmern begonnen, und er hatte eigentlich vorgehabt, nach dem Sonntagsessen in die Oper zu gehen, aber nun hob ein gewaltiger Schneesturm an, und so keimte in dem jungen Mann die Versuchung, die Lockungen der schönen Künste einer nachmittäglichen Kanapee-Laune zu opfern. Während er noch mit sich rang, ob er der eigenen Bequemlichkeit oder doch lieber den Reizen des Musiktheaters folgen sollte, fing Steffis Gatte an, dem inneren Schweinehund des Studenten Wechsberg ein wenig Schützenhilfe zu leisten. »Aber geh, warum bleibst nicht hier?«, versuchte er den jungen Mann zu überreden. »Iß doch mit uns zu Abend!« Und auch Steffi spielte ihren Trumpf aus: »Es gibt Rehrücken mit Preiselbeeren. Du kannst jetzt nicht weggehen.«

Wechsberg, der aus Mährisch-Ostrau im heutigen Tschechien stammte und sich nach dem Zweiten Weltkrieg einen Namen damit machte, dem Charme der k.u.k.-Küche ein schriftstellerisches Denkmal zu setzen, ging an jenem Sonntagnachmittag in der Zwi-

schenkriegszeit, in der man den behaglichen Grundton der Donaumonarchie noch als Echo vernehmen konnte, schlussendlich doch in die Oper. Allerdings nicht, ohne sich vorher eine Semmel mit Paprikaspeck als Jause für die Opernpause mitgenommen zu haben. Es war dies eine ausgesprochen wienerische Art, ein Dilemma zu lösen, weil man sich im alten Wien wie nirgendwo sonst auf der Welt darauf verstand, das Musikalische mit dem Kulinarischen auf spielerische Weise zu vermählen. Wer je einen handgerollten, in wohliger Süße dampfend sich auf dem Teller breitmachenden Zwetschgenknödel mit zwei Gabeln zerteilt hat und dabei genüsslich zusah, wie sich der sämige Teig aus Kartoffeln, Eigelb und Gries träge entfaltet und die heiße, flüssige Nussbutter in den goldgelben Teig hineinsickert und sich mit diesem zu einer duftigen Melange vereint, der ahnt, dass zwischen den tänzelnd dahinfließenden ersten Takten des Donauwalzers und der elegant bemessenen Korpulenz einer Altwiener Mehlspeise eine einzigartige Verbindung besteht: Beide tragen das Versprechen eines Lebensgefühls in sich, in dem sich Behaglichkeit mit Großzügigkeit und Frivolität mit bittersüßer Melancholie mischen. Es ist dies jene tausendfach heraufbeschworene, zwischen Biedersinn und Lustprinzip changierende Grundgestimmtheit der Donaumonarchie, die heute noch vergangenheitsselig durchgespielt wird und in ihrer Kreuzgemütlichkeit auf moderne Menschen unerträglich wirken könnte, hätten ihre Urheber von einst sie nicht selbst mit einer gewissen Schlitzohrigkeit zu nehmen gewusst. Es ist der Geist des Wiener Biedermeier, von dem die Rede ist. Johann Strauß Sohn (1825–1899), der Komponist des Walzers »An der schönen blauen Donau«, hat ihn einmal in eine treffende Pointe gepackt. Auf die Frage eines Boulevardblatts, welches sein Lieblingsgedicht sei, hatte er geantwortet: »Ein Kochbuch«.

Warum die besten Mehlspeisköchinnen aus Böhmen kamen

Wenn man von der Wiener Küche spricht, muss man von der böhmischen Köchin reden. Die Wiener Küche und die böhmische Köchin: Es ist einer glückhaften kulturgeschichtlichen Fügung zu verdanken, dass die beiden so unverbrüchlich zueinandergehören wie eine resche Panier zu einem Wiener Schnitzel – und die sollte im besten Falle das Schnitzel locker umspielen. Die böhmische Köchin hat der Wiener Küche die Trumpfkarte der Mehlspeisentradition zugespielt, und die Wiener Küche hat der böhmischen Köchin den nötigen Spielraum verschafft, ihre Talente voll und ganz auszuschöpfen. Es ist das Verdienst der Frauen aus den böhmischen und mährischen Landstrichen, dass das breite Behagen beim Verzehr einer warmen Nachspeise heute noch in Österreich mit der kugeligen Form von mit Steinobst gefüllten Knödeln in Verbindung gebracht wird: Der *švestkové knedlíky* – der Zwetschgenknödel – stammt ursprünglich aus dem Land, in dem auch die Elbe entspringt, denn deren Quelle liegt im tschechischen Riesengebirge.

Kaum ein Köchinnentypus kann so viele Hymnen auf sich verbuchen wie die böhmische Köchin. Die Weltliteratur und die Musik sind voller Reminiszenzen an sie. Franz Werfel hat ihr in der Figur der Teta Linek in seinem Roman »Der veruntreute Himmel«

ein Andenken gesetzt, Schlagersänger haben sie – und vor allem ihre Mehlspeisen! – besungen. Und Nicolaus Sombart, der Sohn des Soziologen Werner Sombart, skizzierte in seiner Autobiografie »Jugend in Berlin« ein warmherziges Erinnerungsbild an die böhmische Köchin seines Elternhauses, Josepha Kaluza: »Sie kam aus der ›Tschechei‹ und hatte als fünftes Küchenmädel in den Schlössern irgendeines böhmischen Magnaten das Kochen gelernt.« Im Berliner Haushalt der Sombarts führte Josepha in der Küche das Regiment. Sie war eine Virtuosin, die Diners für 16 Personen spielend bewältigte und in Sachen Qualität nicht den allerkleinsten Kompromiss duldete. Sombart schlich sich als kleiner Junge gern zu ihr in die Küche im Souterrain und staunte nicht schlecht, als sie einmal ein ganzes Pfund Butter ins offene Feuer des Küchenherds schleuderte, nur um eine Stichflamme zu erzeugen, die heiß genug war, um die Eiweißhaube eines *Omelette Surprise* bernsteinfarben abzuflämmen.

Böhmische Köchinnen kamen zwar vom Lande, aber sie waren keine Provinzdotscherln. Ihre Wirkungsstätte war zunächst und vor allem einmal Wien,

die Haupt- und Residenzstadt eines Kaiserreichs, eines Vielvölkerstaatengebildes, in dessen Küchen sich die Aromen und Düfte ungarischer, galizischer, kroatischer, serbischer, bosnischer, lombardischer, venetischer, slowakischer, schlesischer, mährischer und böhmischer Provenienz zu einem Gesamtkunstwerk fügten, das als »Wiener Küche« zum Mythos wurde. Wer als böhmische Köchin in einem Wiener Haushalt reüssierte, durfte als arriviert gelten. Prag galt in den Augen des Wiener Residenzbürgertums und seiner Parvenüs als Provinz. Dieses Wissen um die eigene Bedeutung schlug sich auch bei den Köchinnen nieder, und zwar in einem Berufsethos wie jenem der Kaluza, für die ein Pfund Butter im Bedarfsfall eben nichts anderes darstellte, als die einzig akzeptable Hitzequelle für die Perfektionierung eines Desserts. Das war nicht unbedingt Snobismus, das war die Gewissheit, dass eine gute Küche Ausdruck von Kultur ist, von einer großzügigen Lebenseinstellung, die den Mief provinzieller Enge hinter sich gelassen hatte.

Es war das technische Zeitalter, das die Mobilmachung der Mädchen aus dem Wiener Hinterland in die Großstadt ermöglichte. Ab 1830 begann der Eisenbahnbau im Habsburgerreich, zunächst für die Strecke Wien–Prag, woraufhin bis 1866 die Verbin-

dungen nach Brünn, Dresden, Nürnberg, Regensburg, Eger, Hof und Budweis folgten. Das brachte eine erhebliche Erweiterung der Rekrutierungsräume für Dienstpersonal mit sich. Der Kulturraum Bayern, Böhmen, Mähren, Wien rückte in kürzester Zeit in noch nie da gewesener Weise zusammen. Mitte des 19. Jahrhunderts kamen über ein Drittel der Wiener Dienstboten aus Böhmen und Südmähren, und dieses Drittel machte das Gros der Wiener Köchinnen aus.

Die Tradition, die sie geprägt hatte, war die deftige Küche der bäuerlichen Schichten, die sich tagaus, tagein vornehmlich von Kartoffeln, Schweinefleisch, Kohl, Quark und vielerlei Gebäcksorten aus Weizenmehl nährten, was damals, als man von Vollwertküche noch keinen blassen Schimmer hatte, im Vergleich zum mit Kleie versetzten Armeleutemehl oder zum Roggenmehl als das entschieden feinere galt. Eine der berühmtesten literarischen Quellen über das bäuerliche und dienstherrschaftliche Leben in Böhmen zur Zeit der Donaumonarchie ist die 1855 erstmals erschienene Erzählung *Babička*, zu Deutsch: *Die Großmutter*, der deutschböhmischen Schriftstellerin Božena Němková. Ihre Schilderungen lassen erahnen, dass trotz der allgemein ärmlichen Ernährungslage zumindest innerhalb der bäuerlichen Bevölkerung Böhmens und Mährens eine vergleichsweise nahrhafte, durchaus nicht genussarme sowie bereits regionaltypisch ausgeprägte Alltagskost gepflegt wurde: »Ach, säße ich doch lieber bei meiner Mutter und könnte Hirsebrei mit Honig, Buchteln mit Mohn und Erbsen mit Speck essen«, zitiert Němková die Großmutter, die ihre Jahre als junges Mädchen Revue passieren lässt, als sie sich in fremden Diensten verdingte und oft Heimweh litt nach ihrem Elternhaus in einem Bergdorf an der Grenze zu Schlesien.

Anders als in den klimatisch extremeren Lagen der alpinen Bergtäler, war der Boden in den Elbgebieten nördlich von Prag sowie entlang der Moldau und insbesondere im südlichen Mähren wesentlich fruchtbarer und leichter zu bestellen. Der aufgeklärte Absolutismus des Habsburgerkaisers Joseph II. (1741–1790), des Sohnes Maria Theresias, hatte zu ersten Reformen für die Bauernschaft geführt, was mit Steuererleichterungen und Ansätzen zur Bauernbefreiung einherging. Das brachte einen ersten spürbaren wirtschaftlichen Aufschwung für diese Gegenden. Kulturfördernd wirkte sich überdies das ausgeprägte Standesbewusstsein des böhmischen und mährischen Adels aus, der seit dem 17. Jahrhundert auf seinen Burgen und Schlössern einen dezidiert eigenständigen Lebensstil pflegte, um dem ungeliebten Habsburger Herrscherhaus eine demonstrativ patriotische, böhmisch-mährische Identität entgegenzusetzen. Auf den Schlössern derer zu Kinsky, Lobkovic oder Dubsky (das Geschlecht, dem auch die Schriftstellerin Marie von Ebner-Eschenbach entstammte) kochten böhmische Köchinnen auf eine Art und Weise auf, die tschechische Heimatverbundenheit mit kulinarischer Finesse vereinte, um somit Stellung, Ansehen und Macht ihrer adeligen Herrschaft auf subtile, aber unmissverständliche Weise zur Geltung zu bringen.

Was sich aus der bäuerlichen Tradition speiste und anschließend in aristokratischen Kreisen verfeinert wurde, prägte sich zu guter Letzt im kulturellen Zentrum Böhmens in schönster Vielfalt aus. Die Stadt Prag galt unter Schlemmern als Hochburg derb-kräftiger Genüsse, und glaubt man den Jugenderinnerungen Joseph Wechsbergs, so gab es im ganzen Habsburgerreich wohl kaum eine Stadt, in welcher der Himmel so voller Würste hing, oder, wie man dort zu sagen pflegte: voller *vuršty*. In Prag wimmelte es von Würstelbuden und Fleischhauereien, die warme *vuršty* zu jeder Tageszeit anboten, täglich frisch gemachte, dralle, lange, kurze oder dicke und vor allem

saftige Würstel, mal mit, mal ohne Knoblauch, mal geräuchert und mal mild im Geschmack. Und für eine zweite Sitte war Prag ebenfalls berühmt. Es muss wohl von hier aus geschehen sein, dass sich der Brauch, wenigstens fünfmal am Tag etwas Ordentliches zu sich zu nehmen, bis in das Wiener Bürgertum hinein verbreitete und schlussendlich dort so entschieden festgesetzt hat, dass man in Wien heute noch in den traditionellen Cafés selbstverständlich ein Gabelfrühstück serviert bekommt und sich wenig später – nach dem Mittagessen, aber noch vor dem Abendessen – zur Kaffeestunde ein ganzes Bataillon an Mehlspeisen einverleiben könnte – theoretisch jedenfalls. Folgt man den Spuren von Kulturhistorikern, die sich der Esskultur Böhmens angenommen haben, so hat sich die Tradition des Gabelfrühstücks und der Nachmittagsjause mit Gebäck in der ländlichen Region des westböhmischen Egerlands zuerst eingebürgert, um dann in der Folge von den egerländischen Dienstmädchen und Köchinnen in Prag eingeführt zu werden. Demnach ist das Gabelfrühstück als die verbürgerlichte, das heißt: städtische, Variante des bäuerlichen »Zehnerbrots« anzusehen,

Typische Küchenausstattung mit feiner Keramik und Marmor, Wien, beginnendes 20. Jh.

und Köchinnen vor ihr bereits etabliert hatten: Sie machte ihre täglichen fünf Jausen zum Maßstab ihres Tagesablaufs.

Was der Serviettenknödel mit England zu tun hat

Die böhmische Küche ist vor allem eine Knödel- und Semmelküche. Knödel aus Kartoffeln oder Weißbrot, Gebäck aus Weizenmehl und Hefe sowie warme Puddings mit Semmelbröseln haben hier ihren ganz großen Auftritt. Und wie immer in der Kulturgeschichte ist das alles andere als ein Zufall. Die böhmischen und mährischen Haushalte konnten gar nicht anders, als legendäre Mehlspeisenköchinnen hervorzubringen, denn hier waren alle Voraussetzungen dafür gegeben, dass die Frauen die Kunst, aus etwas Einfachem etwas ausnehmend Köstliches zu machen, perfektionieren konnten. Das Egerland, der nordwestlichste Landstrich Böhmens, grenzt an das sächsische Vogtland. Und dort war die Kartoffel als Nahrungsmittel bereits in einer Zeit üblich gewesen, in der man sie im übrigen Teil des Heiligen Römischen Reiches noch mit spitzen Fingern anfasste oder wenigstens als Exotikum bestaunte. Während der Preußenkönig Friedrich der Große im 18. Jahrhundert nur mit massivem Druck durchsetzen konnte, dass sich seine Untertanen endlich auf die Kartoffel besannen, bevor sie verhungerten, kannte man im Grenzgebiet Vogtland-Egerland bereits um 1680 Rezepte für Kartoffelgerichte. Die Leute dort hatten einen kulturellen Vorsprung, und es konnte nicht ausbleiben, dass sie recht bald erkannten, dass man geriebene Kartoffeln zu Knödeln formen kann und dass sich Kartoffelteig auch mit Obst füllen oder zu Fingernudeln auswalken ließ. Für das Grenzgebiet Bayern-Böhmen finden sich überdies Hinweise, dass eine heute als urwienerisch

einer Mahlzeit, die man im Egerland zwischen neun und zehn Uhr morgens zu sich nahm, als zweite Stärkung sozusagen nach dem Frühstück, das man meist schon um fünf Uhr früh aß. Parallel dazu ist die Kaffeepause am Nachmittag als die feine, kleine Schwester des egerländischen »Halberabendbrots« anzusehen, das meist zwischen drei und vier Uhr nachmittags stattfand. Da das zweisprachige, oftmals deutsch-jüdische Prager Bürgertum diese Stadt zu einer Hochburg für die deutschsprachigen Dienstboten aus den ländlichen Regionen des Egerlands und des Böhmerwalds werden ließ, hat sich die Vorliebe für fünf Mahlzeiten am Tag dort schnell verfestigt. Wechsberg weiß vom Prager Gerichtsgebäude in den Zwischenkriegsjahren zu berichten, wo um zehn Uhr morgens vom Richter bis zum Gerichtsdiener jedermann seinen Bleistift und seinen Aktenordner fallen ließ, um die geheiligte *vuršty*-Jause als Gabelfrühstück einzunehmen. Dann herrschte im ganzen Gerichtsgebäude andächtige Stille, die nur vom Knacken der Würste durchbrochen wurde. Und was den Herrschaften recht war, war den Köchinnen natürlich nur billig. Eine Küchenkönigin vom Schlage einer Maria Pervich – von der ja bereits die Rede war –, die bis ins hohe Alter hinein jeden Tag fünf kräftige Mahlzeiten zu sich nahm, stellte in der Donaumonarchie keine Besonderheit dar, sondern die Regel. Die Pervich setzte lediglich fort, was Generationen von Herrschaften

anmutende Beilage zum Tafelspitz, nämlich das Semmelmus (meist mit Kren), dort bereits um 1800 als Hochzeitsspeise bekannt war. Viele Gerichte, die erst im Laufe des 19. Jahrhunderts Eingang in die bürgerliche Wiener Küche fanden, haben ihren Ursprung entweder in Fastenspeisen oder in Hochzeits- und Festtagsspeisen der bäuerlichen Bevölkerung. Und bei diesem Kulturtransfer vom Land in die Stadt passierte etwas Verblüffendes. Zur gleichen Zeit, als sich die Sitte, Kaffee zu trinken, allmählich demokratisierte und somit auch in bäuerliche Schichten vordrang, rückten Fasten- und Mehlspeisen wie Buchteln oder Dampfnudeln in den Status einer sonntäglichen Kaffeejause auf. Sie galten mit einem Male als etwas Festliches, Besonderes. Und waren damit sozusagen stadtfein geworden und insofern hinlänglich akzeptabel, um den bürgerlichen Tisch einer städtischen Herrschaft zu bereichern.

Auch das Kochen mit Quark und Hefe war in Böhmen und Mähren aus gutem Grund bereits früher bekannt als in Wien. Die Sitte, entrahmte Milch mithilfe von Lab zu Quark oder, wie man in Österreich sagt, Topfen gerinnen zu lassen, war im slawischen Kulturraum weit verbreitet. Und Hefe fällt, mehr noch als bei der Herstellung von Wein, vor allem beim Bierbrauen an. Böhmen war – und ist heute noch – ein ausgesprochenes Bierland. Zwar kannte man in Wien im 18. Jahrhundert bereits Rezepte für einen »Gugelhopf« sowie für Faschingskrapfen aus Germteig – wie man in Österreich die Hefe nennt –, aber sie waren vergleichsweise wenig verbreitet beziehungsweise keine alltäglichen Gerichte. Die berühmten Wiener Nachspeisen Buchteln und Dalken, Kolatschen und Liwanzen sind allesamt böhmischer Herkunft. Auch wenn diese Spezialitäten ganz unterschiedlich sind, haben sie doch etwas Wesentliches gemein: Es handelt sich hierbei um traditionelles Backwerk mit einem Teig aus Weizenmehl und Hefe, das entweder im Rohr (Buchteln und Kolatschen) oder in der Pfanne (Dalken und Liwanzen) zubereitet wird.

Was aber hat es nun mit dem Serviettenknödel auf sich? Die Antwort auf diese Frage deckt bemerkenswerte Zusammenhänge auf. Um herauszufinden, wie es dazu kam, dass böhmische Hausfrauen Meisterinnen im Serviettenknödelkochen wurden, muss man den Blick zunächst gen Westen lenken und dann noch ein Stückchen weit gen Norden – und zwar genau so weit, bis man England vor Augen hat. Die Kulturgeschichte des Serviettenknödels ist ein Kuriosum. Sie beginnt an den fürstlichen Höfen Frankreichs, etwa im 15. Jahrhundert, hält sich dort aber nicht lange auf, sondern nimmt im britischen Königreich im 16. und 17. Jahrhundert ihren Lauf, um schließlich im 18. Jahrhundert dort vollends zu reüssieren. Die, wenn man so möchte, Urform vieler Speisen wie das Soufflé, der Pudding oder eben auch der Serviettenknödel ist der *boudin*, der in der französischen Oberschicht im 15. Jahrhundert goutiert und von französischen Köchen, die in englische Dienste traten, auf die Insel importiert wurde. Unter einem Boudin verstand man ursprünglich eine mit Eiern,

Oben: Schülerinnen einer Hauswirtschaftsschule, 1904.

Mehl oder Semmelbröseln und Fleisch gebundene Masse, die in einer Hülle, zum Beispiel einem Wurstdarm, gegart wurde, wobei das Wasserbad als die bevorzugte Garmethode galt. Daraus entwickelte sich später eine Vielzahl luftiger und insofern als festtäglich erachteter Speisen, die in einer Form im Wasserbad gegart werden. Das kann eine Souffléform, eine Puddingform oder eben auch ein Tuch sein. Eine typische Mehlspeise der Wiener Küche ist der sogenannte »Koch«, eine süße Soufflémasse mit Nüssen, Mohn, Schokolade oder dergleichen Köstlichkeiten mehr, und auch sie geht auf die Tradition des Boudins oder Puddings zurück.

Die Weitergabe dieser Tradition nahm verblüffende Wege. Vor allem plusterte sich der Boudin im Laufe seines Siegeszuges von England nach Kontinentaleuropa gehörig auf – er wurde immer größer. Die Forschungen des »Atlas der Deutschen Volkskunde« aus den 1930er-Jahren ergaben, dass man in manchen Gegenden Deutschlands bereits im 16. Jahrhundert sogenannte »Sackkuchen« kannte, die als Festtagsspeise dienten. In Hamburg und Umgebung fand man im 18. Jahrhundert großes Vergnügen daran, zu festlichen Gelegenheiten den »Mehlbeutel« zu kredenzen, ein wahrer Gigant von einem Knödel aus Kartoffeln und Mehl, der so schwer und groß und

mächtig auf dem Teller liegt, dass man nur hoffen kann, die Tischplatte kracht unter dieser Last nicht zusammen. Der Mehlbeutel treibt heute noch rund um Hamburg als kulinarischer Anachronismus hier und da sein Unwesen. Er ist im übrigen ein naher Verwandter des englischen *roly-poly*, eines Puddings, der in einem länglichen Tuch im Kessel gekocht wird und mancherorts deshalb auch *bag pudding* – »Taschenpudding« – genannt wird. In verschiedenen Gegenden Englands ist er aufgrund seiner länglichen Form auch als *dead man's arm* bekannt, als »Arm des toten Mannes«. Wie aus dem Roly-Poly ein Hamburger Mehlbeutel wurde, erklärt sich aus den Handelsbeziehungen, die sich seit dem 17. Jahrhundert zwischen Hamburg und England immer reger entfalteten. Nur ein zweites Gebiet innerhalb Deutschlands, so ergaben die Forschungen des »Atlas der Deutschen Volkskunde«, kannte ebenfalls den Brauch, Knödelmasse in einem großen Tuch im Wasserbad zu garen. Und das war der Kulturraum sächsisches Vogtland, Thüringen, Franken, nördliches Bayern. Und eben Böhmen. Und nun beginnt man sich zu fragen, weshalb ausgerechnet diese Gebiete den Serviettenkloß kannten, neben Hamburg? Was verbindet diese beiden Kulturräume? Die Antwort ist einfach: Es ist die Elbe. Sie fließt durch Dresden, jene Stadt, die auch

als wichtigster kultureller Dreh- und Angelpunkt für die Verbreitung des Kaffees in Sachsen und den angrenzenden Regionen galt. Und sie fließt durch Tschechien.

Von Karlsbad in die Welt

Bevor aber der Serviettenknödel und das Gulasch, das Wiener Schnitzel und die Buchteln weltweit zum Inbegriff der Altwiener Küche werden konnten, bedurfte es noch einer letzten, entscheidenden kulturprägenden Kraft. Bis ins 20. Jahrhundert hinein verlief die Kulturvermittlung von Verfeinerungen fast durchweg von oben nach unten, das heißt, ein neuer Stil, eine Mode, sei es in der Kleidung, in der Esskultur oder in der Musik, wurde entweder in Adelskreisen oder in einer wie auch immer zusammengesetzten Oberschicht, jedenfalls innerhalb einer kulturellen Elite, populär. Und dann taten es ihr die unteren Schichten nach. Im Falle der Wiener Küche bedurfte es des weltoffenen Flairs der egerländischen Adelsbäder Franzensbad, Marienbad und Karlsbad, um der Wiener Küche, die dort von böhmischen Köchinnen für die Zelebritäten zubereitet wurde, zu internationalem Renommee zu verhelfen. Vor allem das mondäne Karlsbad mit seinem Theater, seinen Ballsälen und vornehmen Hotels war der Kristallisationspunkt einer neuen Esskultur, die in der ganzen Welt ihre Nachahmer fand. Das, was wir heute unter Wiener Küche verstehen, hatte im Laufe des 19. Jahrhunderts erst seine volle charakteristische Ausprägung erhalten. Und Karlsbad war der Motor dieser Entwicklung. Die am Flüsschen Tepl gelegene Siedlung mit ihren heilsamen Quellen erhielt von Kaiser Karl IV. am 14. August 1370 das Stadtrecht und entwickelte sich bereits im 15. und 16. Jahrhundert zu einem Kaiserbad. Im 17. Jahrhundert gab es kaum ein europäisches Adelshaus, das hier nicht zur alljährlichen

Kur angereist kam und die Zeit seines Aufenthalts zu einer einzigen Vergnügungstour machte, in der man zwischen den kurärztlichen Badeanwendungen festliche Spielereien, Bälle und Gastmähler veranstaltete. Die Namen der europaweit angereisten Berühmtheiten, Schöngeister, aristokratischen Adabeis, großbürgerlichen Emporkömmlinge und Kunstschaffenden, die sich im Kerzenschimmer der böhmischen Kristalllüster in den Ballsälen der Hotels Böhmischer Saal und Sächsischer Saal amüsierten – den architektonischen Vorläufern des Ende des 19. Jahrhunderts mit Glanz und Gloria errichteten Grand Hotel Pupp –, sind Legende.

Die Karlsbader Trinkkur diente in letzter Konsequenz einem sehr nahe liegenden Zweck: Sie sollte Magen und Darm auf die Aufnahme altösterreichischer Delikatessen vorbereiten. Der Dichter Achim von Arnim (1781–1831) fasste diese quasimedizinische Veranstaltung einmal so zusammen: »Die physische Leere des Magens wird hier vollkommen und sehr angenehm ausgefüllt, namentlich in der Kategorie der Mehlspeisen, worin es die Logik der böhmischen Köchinnen wirklich weit gebracht hat und es allen philosophischen Kochkünstlern zuvorthut.« In den Karlsbader Prunkhotels und noblen Gasthöfen wie dem Posthof kochten keine Anfängerinnen, sondern böhmische Köchinnen, die zuvor in der Stadt Wien in gut gestellten Haushalten ihre Erfahrungen gesammelt hatten. Wien war nach 1683 allmählich zu einer Metropole aufgestiegen und hatte sich unter Kaiserin Maria Theresia (1717–1780) zu einer Stadt mit Bürgerstolz entwickelt. Maria Theresia förderte das Gewerbe und machte es den Bäckern, Metzgern, Konditoren und allerlei anderen Handwerkskünsten leicht, sich in der Residenzstadt ein

Franz Paumgarrten, »Mahlzeit für die ganze Familie«, 19. Jh.

Auskommen zu sichern. Sie schuf auch die Grundlagen für eine mit behäbigem Fleiß vor sich hin wurschtelnde Wiener Beamtenmaschinerie. Damit waren die Voraussetzungen gegeben, dass sich in Wien ein Alltagsrhythmus einpendeln konnte, in welchem die regelmäßigen Arbeitspausen am Beisl- und Wohnstubentisch ihren gebührenden Platz einnahmen. Das Rindfleisch für den Suppentopf wurde in erklecklicher Menge preiswert aus Ungarn sowie von den Weidebauern rund um Wien bezogen, der Zucker für die Mehlspeisen kam von der ersten österreichischen Zuckerraffinerie für indischen Rohrzucker, die im Jahr 1750 die Produktion aufnahm. Auch die Fußläufigkeit zur Residenz schuf in Wien die idealen Voraussetzungen dafür, dass sich die fürstlichen Speisegewohnheiten zu demokratisieren begannen. Luxusgüter wie der Zucker oder ehedem aristokratische Gerichte wie das »Kölberne Schnitzel« standen bereits in der zweiten Hälfte des 18. Jahrhunderts auf dem wöchentlichen Speisezettel der Wiener Beamtenhaushalte. Und so wie das Habsburger Kaiserhaus dazu beitrug, den bürgerlich gemeinten Wohnstil des Biedermeier populär zu machen, war es auch maßgeblich daran beteiligt, der bürgerlichen Wiener Küche in einem Umkehrschluss zu fürstlichem Glanz verhelfen. Auch ein Kaiser Franz Joseph I., Gemahl der Sisi, aß gern täglich seine Rindsuppe mit Fritatten oder Schöberln.

Die böhmischen Köchinnen, die einst vom Lande nach Wien kamen und dann von Wien nach Karlsbad gingen, sorgten dafür, dass der Ruhm dieser kaiserlich-königlichen Bürgerküche in die Welt kam. Die meisten österreichischen Kochbücher des 19. Jahrhunderts stammten aus der Feder böhmischer Köchinnen. Eines der frühesten und berühmtesten trug den Titel »Die Hausköchin« von Magdaléna Dobromila Rettigová. Es erschien erstmals 1826 und zählt heute zu den Klassikern der altböhmischen Küche. Den größten Teil der Rezepte nehmen die Mehlspeisen ein,

wovon allein zwei Kapitel den »Buchteln, Kuchen und Kolatschen« sowie den »Buchtel-, Kuchen- und Kolatschenfüllungen« reserviert sind. Im 19. Jahrhundert besuchten immer mehr indische Bankiers, englische Diplomaten und amerikanische Wirtschaftsbarone die drei Kaiserbäder im Egerland und ergötzten sich dort in den Grandhotels an jener unvergleichlichen Mischung aus Gemütlichkeit und Koketterie, wie sie von einer mit zartbitterem Pflaumenmus gefüllten, eben aus dem Rohr geholten, molligen Buchtel ausgeht. Seither ist die Küche an der schönen blauen Donau zu Wien mindestens so weltberühmt und unsterblich wie der gleichnamige, traumschön ins Glück hineinströmende Walzer von Johann Strauß.

Palffy-Riesen-Knödel

Ein Rezept aus dem Kochbuch der Veronika Nepp, Wien 1911*

....

ZUTATEN UND ZUBEREITUNG

So viele Personen sind, so viele Semmeln nimmt man. Auf 8 Semmeln, welche man kleinwürfelig schneidet und mit ½ l Milch sulzt [einweicht – Anm. d. Verf.], nimmt man 16 dag [1 Dekagramm = 10 Gramm] Butter, treibt sie flaumig ab, schlägt 6 ganze Eier und 3 Dotter hinein, vermischt es gut mit den Semmeln und 20 dag würfelig geschnittenem Speck, welcher geröstet wird, bis er glänzt (das Fett wird weggelassen und der heiße Speck wird in die Masse gegeben). Man salzt es und gibt es in ein in kaltem Wasser getränktes und gut ausgedrücktes und ausgebreitetes Tuch, bindet es fest mit Spagat [Küchengarn] knapp über dem Teig zusammen, gibt es in kochendes Salzwasser und lässt es zugedeckt 1 ½ Stunden kochen. Beim Servieren wird das Tuch vom Knödel genommen, dieser auf eine Schüssel gelegt, mit gerösteten Semmelbröseln übergossen und sogleich zu Tisch gegeben. Anmerkung: Anstatt Speck kann man auch Schinken würfelig geschnitten dazugeben. Zum Salat – sehr gut.

*Das Geschlecht der Grafen Palffy stammte aus Ungarn und der Slowakei und genoss am Wiener Hof für seine Offiziers- und Verwaltungsdienste einen ausgezeichneten Ruf. Im Wiener Stadtpalais der Palffys fand 1786 die Uraufführung von Mozarts Oper »Die Hochzeit des Figaro« statt. Das Kochbuch der Wiener Hausfrau Veronika Nepp gelangte durch private Hände Mitte des 20. Jahrhunderts von Wien nach München und ging dort im Jahr 2008 in den Besitz der Autorin über. Es handelt sich um eine handgeschriebene Rezeptsammlung, die Veronika Nepp in feiner Sütterlinschrift mit den Worten einleitete: »Mit Gott Begonnen im Oktober 1911«. Veronika Nepp stammte aus dem südmährischen Nikolsburg und ging als junges Mädchen nach Wien, um dort im Hotel »Hietzinger Hof« in der Küche zu arbeiten. In der Manier der Zeit enthält ihr Büchlein größtenteils Rezepte für Mehlspeisen, die den ersten – und somit bedeutendsten – Teil des 180 Seiten umfassenden Kochbuchs ausmachen. Klassische Fleischspeisen der Donaumonarchie wie der Esterházy-Rostbraten oder das Paprika-Henderl tauchen erst am Schluss auf. Einige Rezepte sind auf das Jahr 1916 datiert, eines (für Anisbusserl) ist mit dem Vermerk versehen: »Von Frau Höblinger, Herrschaftsköchin Wien XIII. Bezirk«. Das letzte Rezept trägt den Titel »Seifenbereitung« und gibt an, wie sich aus 15 Liter siedendem Regenwasser unter Zugabe von Soda, Kalk und – nicht näher spezifiziertem – Fett eine Küchenseife herstellen lässt.

14

Drei Sterne für die Köchin

La Mère Brazier und die Eroberung der Sternegastronomie

★ ★ ★

I n dem Moment, in dem Frauen begannen, die Rolle als Hausfrau infrage zu stellen, wurde die weibliche Küche zu einem Politikum. Die Entwicklungsgeschichte der weiblichen Kochkunst vollzog sich im Spannungsfeld zweier rigoroser Rollenzuweisungen: »Eine Frau gehört an den Herd«, lautete die eine. Die andere behauptete das Gegenteil: »In der Spitzengastronomie haben Frauen am Herd nichts zu suchen.« Die Verbindlichkeit dieser beiden orthodox anmutenden Zuweisungen hat sich in den vergangenen 150 Jahren abgeschwächt. Heute finden wir immer mehr Frauen in der Sternegastronomie und immer weniger Frauen am häuslichen Herd. Beide Entwicklungen bedingen einander. Drei historische Phasen haben an dieser Verschiebung mitgewirkt: Die zweite Hälfte des 19. Jahrhunderts bis zur Jahrhundertwende, die sogenannte Belle Époque, in der die bürgerliche Küche mehr und mehr zu einer Angelegenheit von Prestige und Repräsentation wurde, in deren Folge nicht nur die Gründung von Restaurants, Grandhotels und Kochschulen einen Boom erlebte, sondern auch Kochbuchautorinnen für die bürgerliche Küche an Einfluss gewannen; schließlich die 1930er-Jahre, in denen die ersten Köchinnen mit Sternen im »Guide Michelin« ausgezeichnet wurden; und nicht zuletzt: die Emanzipationsbewegung der 1970er-Jahre. Sie war auch für die Entwicklung der weiblichen Kulinarik ein nicht zu unterschätzender Motor und trug wesentlich dazu bei, dass die weibli-

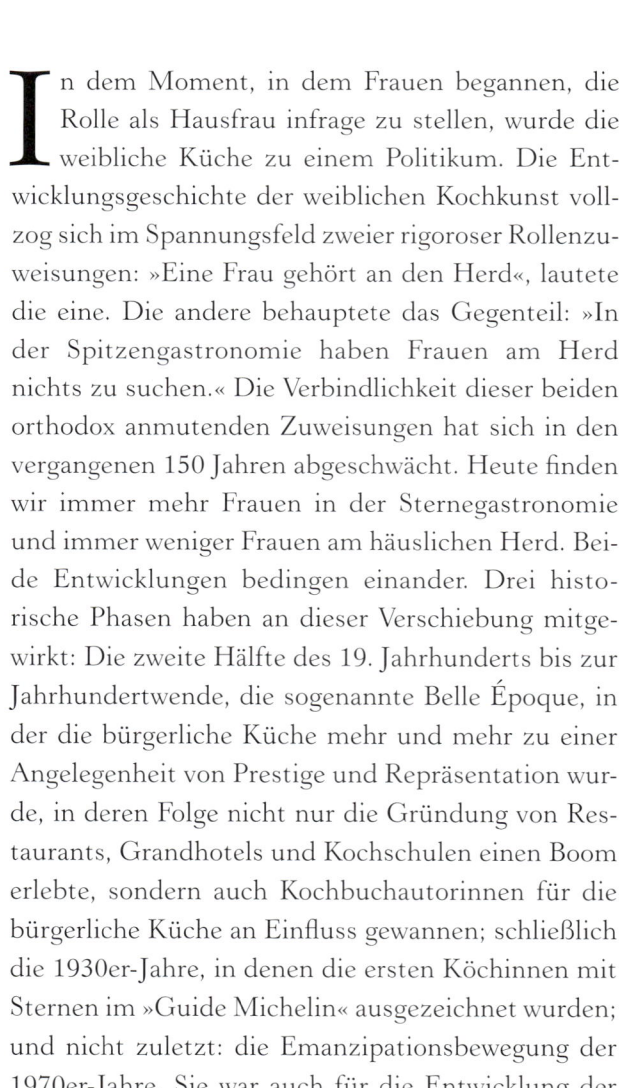

che Kochkunst von einer reinen Hausfrauenangelegenheit allmählich zur Frauensache werden konnte.

Wie subtil diese Entwicklung verlief und welche Umwege sie mitunter gehen musste, lässt sich an einem Beispiel aus Italien aufzeigen. In Forlimpopoli, einer Gemeinde unweit von Bologna in der Provinz Emilia-Romagna, steht die Casa Artusi, ein gastronomisch-kulturelles Begegnungszentrum mit Museum, Kochschule und Restaurant, das sich dem Andenken an Pellegrino Artusi verschrieben hat, dem

berühmtesten Sohn Forlimpopolis und gleichermaßen berühmtesten italienischen Kochbuchautor der Moderne. Artusi ist für Italien, was Paul Bocuse für Frankreich ist: ein Küchengott. Sein Buch »La scienza in cucina e l'arte di mangiare bene« – »Die Wissenschaft des Kochens und die Kunst des Genießens« – erschien erstmals 1891 in Florenz und gilt bis heute als epochales Nachschlagewerk der modernen italienischen Küche. Artusi hatte mit diesem Buch ein Novum gewagt. Er hatte einen beispielhaften nationalen Kanon italienischer Leibspeisen zusammengestellt – in welchem, nebenbei bemerkt, die Pasta eine Hauptrolle spielte –, und dieser Entwurf einer panitalienischen Küche kam bei seinen Landsleuten so gut an, dass es seit dem Jahr 1891 kaum mehr eine italienische Braut gab, deren Mutter nicht dafür gesorgt hätte, dass sich im Aussteuergepäck der Tochter auch eine neue Ausgabe des Artusi befand. Pellegrino Artusi hatte dieses Buch geschrieben – und war zu einer Berühmtheit geworden. Seine Köchin Marietta Sabatini hatte alle seine Rezeptideen über die Jahre hinweg gekocht und auf ihre Alltagstauglichkeit hin überprüft, und zwar in täglicher mühevoller Arbeit, die sie als körperlich belastend empfand. Dessen ungeachtet, stand Marietta im Schatten Artusis. Doch weil Artusi ein Gentleman war, musste dies nicht so bleiben. Er war zu Lebzeiten von den Italienern auch wegen seines Humors, seiner Noblesse und seiner Menschenfreundlichkeit verehrt worden. Als er 1911 starb, offenbarte sein Testament, dass die Tantiemen aus dem Verkauf der »Wissenschaft vom Kochen« fürderhin an Marietta Sabatini gehen sollten. Eine Würdigung ihrer Lebensleistung – und eine Entscheidung mit Weitblick. Heute engagiert sich in der Casa Artusi die Associazione delle Mariette für die Pflege und Weiterentwicklung der italienischen Kochkunst – und gilt als Institution, auf die man in Italien stolz ist.

Die Eroberung der Sternegastronomie durch die Frauen vollzog sich in etwa zeitgleich wie die Durchsetzung des allgemeinen, gleichen und freien Frauenwahlrechts. Den Pariserinnen gestand man das Wahlrecht 1871 zu, den Finninnen 1906, den US-Amerikanerinnen aller Bundesstaaten 1920, den Engländerinnen 1928; die deutschen Bürgerinnen erhielten es 1918, die Französinnen landesweit hingegen erst nach dem Zweiten Weltkrieg, 1946. Dafür kann die Grande Nation sich rühmen, im Jahr 1933 zum ersten Mal in der Geschichte auch Köchinnen mit drei Sternen im »Guide Michelin« ausgezeichnet zu haben. Bei den solchermaßen geehrten Damen handelte es sich um Marie Bourgeois, genannt La Mère

---

Durch die Emanzipationsbewegung der 1970er-Jahre fanden immer mehr Frauen Geschmack an kulinarischen Karrieren. Ein berühmtes Beispiel hierfür ist die Gourmetjournalistin Simone Ortega Klein (1919–2008), die 1972 in Spanien einen Kochbuchbestseller landete: »1080 recetas de cocina« wurde bis heute 48 mal aufgelegt und hat sich allein in Spanien über 2 Mio. mal verkauft. Mit diesem Buch war es Ortega gelungen, der gemeinsamen Tradition der französischen und spanischen Regionalküche zu neuem Glanz zu verhelfen. Ihre Tochter Inés Ortega Klein setzt das Erbe der Mutter heute fort.

Bourgeois, und ihr Restaurant im Örtchen Priay, etwa 50 Kilometer von Lyon entfernt, sowie um Eugénie Brazier, genannt La Mère Brazier. Die Ehrung für Madame Brazier war eine entschieden extraordinäre, denn diese außergewöhnliche Köchin führte zu jener Zeit zwei Restaurants, eines in der Rue Royale in Lyon und eines namens Col de la Luère in einem Dorf, 17 Kilometer westlich von Lyon. Für beide Restaurants erhielt Eugénie Brazier zur gleichen Zeit jeweils drei Sterne, also insgesamt sechs auf einen Streich.

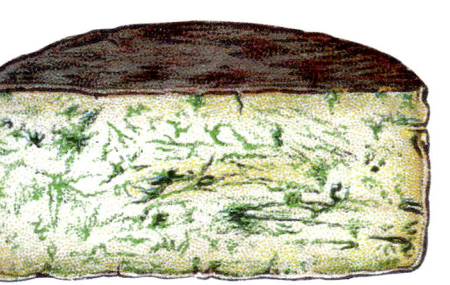

Eugénie Brazier (1895 bis 1977) war das, was man im Französischen *un personnage* nennt: eine starke Persönlichkeit. Schon rein äußerlich war sie eine bemerkenswerte Erscheinung. Mit ihrem Dutt, ihrer korpulenten Statur, die durch eine gebundene Schürze Form und Kontur erhielt, sowie mit ihren zupackenden Händen und mächtigen Armen flößte sie bereits auf den ersten Blick Respekt ein. Auch charakterlich war sie ein rechtes Weibsbild: impulsiv und großherzig, streitbar und tatkräftig, eigenwillig und stur. Sie entstammte einer kleinbäuerlichen Familie aus der Bresse und ging im Alter von 19 Jahren als Mädchen für alles bei der kinderreichen Familie des Lyoner Teigwarenfabrikanten Joseph Milliat in Stellung. Im Haushalt der Milliats erwies sich, dass ihr das Kochen leicht von der Hand ging. Bis dahin hatte sie nie eine Kochschule von innen gesehen; sie hatte die elementaren Handgriffe lediglich als Mädchen von der

Mutter abgeguckt: »Das Kochen habe ich durch Übung gelernt, ganz einfach«, gab sie als betagte Dame einmal einem Journalisten zur Antwort. Doch ganz so simpel verlief ihre *éducation culinaire* dann doch nicht. Eugénie Brazier hatte die Perfektionierung ihres Kochtalents durchaus zielstrebig vorangetrieben. 1915 quittierte sie den Dienst bei den Milliats, ging in Lyon im Restaurant von Françoise Fayolle, genannt Mère Filloux, bis zum Ende des Ersten Weltkriegs in die Lehre und wechselte anschließend in die Brasserie du Dragon, ebenfalls in Lyon.

1921 machte sie sich selbstständig. In der Rue Royale Nummer 12 eröffnete sie eines jener typischen Lyoner Arbeiterbistros, die man im Lokaljargon der Zeit *bouchon* nannte. Ursprünglich stellten die Bouchons einfache, familiär geführte Schenken dar, in denen saisonal aufgekocht wurde. Der Bouchon der Madame Brazier war der Inbegriff einer demokratischen Plattform; unter ihren Fittichen taten sich bourgeoise Feinschmecker ebenso gütlich wie Leute, die für ihre Miete hart arbeiten mussten. Als *plat du jour* servierte Mère Brazier Köstlichkeiten wie geschmortes Bressehuhn mit Trüffeln oder Steinbutt, den sie in einer ganzen Flasche Chambertin badete, einem Burgunderwein feinster Lage. Rund um Lyon werden einige der berühmtesten französischen Spezialitäten hergestellt, Käse und Butter aus dem Dauphiné, Weine aus dem Burgund, Geflügel aus der Bresse. Bei Madame Brazier gaben sich nicht nur Seidenweber und Rhôneschiffer, sondern auch Prominente die Klinke in die Hand; Marlene Dietrich war da, der Bürger-

meister von Lyon war Stammgast, General de Gaulle kehrte bei ihr ein, und eines Tages tauchte sogar ein indischer Maharadscha auf, der sie, nachdem er ihren bretonischen Hummer genossen hatte, vom Fleck weg als Leibköchin engagieren wollte. Doch Mère Brazier blieb standhaft. Sie triezte lieber weiterhin ihre Schüler wie beispielsweise den jungen Paul Bocuse, der bei ihr 1946 als Lehrling anfing. Er schuftete, wie seine Chefin auch, jeden Tag von morgens früh um fünf bis weit nach Mitternacht und lernte von ihr, mit Lieferanten knallhart zu verhandeln und nur die beste Qualität zu akzeptieren. Zum Restaurant Col de la Luère gehörte auch eine kleine Landwirtschaft. Dort musste der Stift Bocuse neben seiner Küchenarbeit unter den Argusaugen der Mutter Brazier lernen, wie man einen Gemüsegarten beackert. Und wie man Kühe melkt.

Von der Ernährung zur Kunst

Die Erfolgsgeschichte von Eugénie Brazier zeigt beispielhaft, wie sich der Aufstieg weiblicher Köche in den Olymp der Sternegastronomie vollzog. Er erfolgte nahezu ausschließlich auf dem Weg der Popularisierung der bürgerlichen Küche. Nahezu alle

Wirtshausköchinnen im Lyon des späten 19. Jahrhunderts, die unter dem Sammelbegriff *mères lyonnaises* berühmt geworden sind, haben als Küchenmädchen in bürgerlichen Haushalten angefangen. Dank der herausragenden Versorgungslage der Stadt Lyon standen ihnen die denkbar besten Grundzutaten zur Verfügung. Damit ließen sich viele ursprünglich rustikal-bäuerliche oder kleinbürgerliche Rezepte aufs Delikateste verfeinern. Im Umkehrschluss konnten dank der günstigen Marktlage viele ursprünglich aristokratische Speisen, wie die Fleischpastete, ohne größeren finanziellen Aufwand in die Alltagsküche integriert werden.

Die Kochkunst der Mütter von Lyon machte die bürgerliche Küche salonfähig. Ihre Rezeptinterpretationen wurden zu Klassikern. Pochierte Eier in Burgundersauce, warme Fasanenpastete im Briocheteig, Hechtklößchen und Nierchen in Noilly Prat symbolisieren den Aufstieg der bürgerlichen Küche der Frauen in die Welt der Künste. Als die ersten Kindeskinder und Schüler der Mütter von Lyon, wie beispielsweise Georges Blanc und Paul Bocuse, zu Sterneköchen aufstiegen, trugen sie das kulinarische Erbe der Mères Lyonnaises in die Sphäre der Spitzengastronomie hinein. Paul Bocuse betont des Öfteren, dass er bei Eugénie Brazier dazu inspiriert wurde, in der feinen Küche das Herkömmliche mit dem Neuen zu verbinden. Anne-Sophie Pic, die derzeit einzige weibliche Drei-Sterne-Köchin Frankreichs, beruft sich ebenfalls auf das Erbe ihrer Großmutter. Pics Restaurant Maison

Linke Seite: Eugénie Brazier erhielt als erste Köchin drei Sterne vom »Guide Michelin«. Sie führte in der Küche ein strenges Regiment. Links: Haushaltsschülerinnen im Probejahr, 1917.

Pic in Valence ist ein Familienbetrieb, der bereits unter ihren Großeltern Sophie und André Pic 1945 mit drei Michelinsternen ausgezeichnet wurde. Auch die Kochkunst von Sterneköchinnen wie Léa Linster in Luxemburg oder der vom Restaurantführer »Gault Millau« hochdekorierten Köchinnen Vreni Giger in Sankt Gallen und Tanja Grandits in Basel weist die Handschrift einer verfeinerten, bürgerlichen Küchentradition auf und verleugnet bei aller Individualität nicht die bodenständigen Wurzeln ihrer Herkunft. Ihre Kollegin Hélène Darroze, Zwei-Sterne-Köchin in Paris, bezeichnet ihren eigenen Kochstil unter Anspielung auf die männlich dominierte Haute Cuisine als *haute-rustique*. Für Hélène Darroze ist Kochkunst ohne die Kunst der Gastgeberschaft, deren Wesensmerkmale Herzlichkeit und Großzügigkeit sind, nicht denkbar: »Wenn meine Gäste sagen, sie hätten sich in meinem Restaurant wie zu Hause gefühlt, ist das für mich das schönste Kompliment«, sagt sie.

In der weiblichen Spitzenküche wird die Reminiszenz an das *home cooking*, an die unverkünstelte, von keinem verkrampften Ehrgeiz angetriebene mütterliche Küche von einst, häufig als besonderes Merkmal betont. Österreichs Zwei-Sterne-Köchin Johanna Maier hat in ihr Kochbuch ein Rezept für Marmorkuchen aufgenommen, das sie mit den Worten einführt: »von meiner Oma«. Möchte man den Versuch unternehmen, Wesensmerkmale einer *cuisine feminine* zu definieren, so müsste man die Verbindung von Ernährung und Kunst als das genuine Verdienst der ersten weiblichen Spitzenköche herausstellen. Wenn sich Sterneköche heutzutage auf Regionalität und Bodenständigkeit berufen, so ist dies als eine Hommage an eine Tradition zu bewerten, die – kulturhistorisch besehen – von weiblichen Köchen etabliert wurde. Die ersten weiblichen Spitzenköche wurden verehrt, weil sie die Kunst begründeten, überlieferte, alltägliche Familienrezepte auf eine unnachahmliche, sehr persönliche Weise zu verfeinern.

Familientraditionen

Bis in die 1970er-Jahre waren Frauen in der Spitzengastronomie Ausnahmeerscheinungen. Das ist wenig verwunderlich, wenn man sich in Erinnerung ruft, dass bis in die Siebzigerjahre hinein die Gesetzeslage vieler Staaten den Frauen die Pflicht auferlegte, die Einwilligung ihrer Ehemänner einzuholen, wenn sie ein Konto eröffnen oder eine berufliche Arbeit aufnehmen wollten. Auffallend viele Köchinnen, die in den Siebziger- und Achtzigerjahren bekannt wurden, waren Autodidaktinnen: Elfie Casty, die die Nouvelle Cuisine in der Schweizer Spitzengastronomie einführte und in die exklusive *Association des Restauratrices-Cuisinières de France* aufgenommen wurde, die Zwei-Sterne-Köchin Lisl Wagner-Bacher in der Wachau bei Wien, die das Erbe der Wiener Küche mit besten regionalen Produkten neu interpretierte und dafür 1983 als erste Österreicherin vom »Gault Millau« mit dem Titel »Köchin des Jahres« ausgezeichnet wurde, oder auch die Sterneköchin Nadia Santini in der Lombardei – sie alle lernten das Kochen entweder von ihrer Mutter oder Schwiegermutter oder durch Eigeninitiative. Die Mehrzahl der Köchinnen, die sich in dieser Zeit einen Namen machte, stammt aus Gastwirtsfamilien. Damit stehen diese Frauen in der stolzen Tradition des Dorfwirtshauses, einer für die Kulturgeschichte der Kulinarik bedeutsamen Institution.

Die am Herd stehende, die Dorfgemeinschaft bekochende Wirtin ist eine historische Figur von herausragender Bedeutung. Das Wirtshaus, die Taverne, der Bouchon oder der Pub – wie auch immer man

---

»À la bonne femme«, »home made«, »nach Hausfrauenart«: In vielen Sprachen ist der Hinweis auf die weibliche Küche ein Qualitätsmerkmal.

diese Einrichtung in den verschiedenen Ländern nennt – ist das älteste kulturhistorische Vorbild der europäischen Restaurantkultur. Das Wirtshaus war eine der wenigen Domänen, in der sich Frauen in früheren Epochen beruflich hervortun durften. Neben der Kirche war das Wirtshaus die Seele eines Dorfes. Und so kam einer Wirtin, die sich um das Wohl der Dorfgemeinschaft kümmerte, der Respekt der ganzen Gemeinde zu. Es ist kein Zufall, dass aus dieser Tradition auffallend viele der ersten, mit Gault-Millau-Hauben und Michelinsternen dekorierten Chefköchinnen hervorgingen. Auch so bekannte Spitzenköchinnen wie Sissy Sonnleitner in Kärnten, Elena Arzak im baskischen San Sebastián oder Douce Steiner in Deutschland sind Töchter aus gastronomischen Familienbetrieben – und führen dieses Erbe

erfolgreich fort. Solange es Sterneköche wie Paul Bocuse gibt, die mit Sprüchen von sich reden machen wie jenem, dass Frauen ins Schlafzimmer gehörten, nicht aber in eine Profiküche, ist die elterliche Restaurantküche nach wie vor für viele kulinarisch ambitionierte junge Frauen ein geschützter Raum, in dem sich ihre Kreativität frei von Ressentiments entfalten kann. Noch ist die Misogynie – die Skepsis gegenüber Frauen – in der internationalen Spitzengastronomie nicht komplett Schnee von gestern. Die Sterneköchin Cornelia Poletto aus Hamburg erzählt, sie habe während ihrer dreijährigen Lehrzeit bei einem Drei-Sterne-Koch niemals gewagt, etwas anderes als Hosen zu tragen. Erst als ihr der »Guide Michelin« einen Stern verlieh, streifte sie diese Einstellung ab – und zog sich einen Rock und Schuhe mit Absätzen an.

»Eine Köchin ist eine Magierin, die Glück verschenkt.«
Wandspruch in Sissy Sonnleitners Restaurant »Landhaus Kellerwand«

Languste »belle aurore«

*Ein Rezept von Eugénie Brazier**

ZUTATEN

1 lebende Languste von 1 kg Gewicht
1 l Crème fraîche épaisse (besonders sahnige Crème fraîche)
1 Karotte · 2 Schalotten · Olivenöl · Cognac
Butter · Mehl · Salz · schwarzer Pfeffer · einige Safranfäden

ZUBEREITUNG

Karotte und Schalotten in grobe Würfel schneiden und mit etwas Olivenöl in einer großen Sautierpfanne anschwitzen. Die Languste hinzufügen – und zwar rasch, nachdem man sie zuvor in zwei Teile geschnitten hat. Den Schwanz legt man auf die eine, den Körper auf die andere Seite der Pfanne. Einige Minuten garen lassen, anschließend fügt man ein Glas Cognac hinzu und flambiert das Ganze. Nun gießt man Wasser auf, und zwar gerade so viel, dass die Langustenteile zur Hälfte damit benetzt sind. Mit Salz, Pfeffer und einigen Safranfäden würzen. Zugedeckt 30 Minuten garen. Anschließend die Langustenhälften herausnehmen und den Fond auf 50 ml einkochen.

Während der Fond einkocht, nimmt man die Languste aus und befreit die Scheren und alle essbaren Teile des Körpers vom Panzer. Das ausgenommene Fleisch vom Langustenschwanz schneidet man in Medaillons; man rechnet zwei pro Person. Anschließend legt man alle Langustenfleischstücke in eine Gratinierschale und stellt sie beiseite.

Nun wird die Sauce zubereitet: Dazu passiert man den reduzierten Fond durch ein Haarsieb in eine Kasserolle. Nun verknetet man Butter mit etwas Mehl und lässt diese Mischung im warmen Fond schmelzen. Anschließend gibt man einen Liter Crème fraîche dazu und lässt alles einmal aufkochen. Nun würzt man nach Geschmack – allerdings mit Bedacht, sodass der süßliche Geschmack der Languste nicht übertönt wird. Auch die Aromen des Pfeffers und des Cognacs sollten nicht hervorstechen. Zum Schluss gießt man die Sauce über die Langustenstücke und lässt sie 10 bis 15 Minuten im Ofen gratinieren. Dazu trinkt man Champagner, einen weißen Burgunder oder einen Hermitage (zum Beispiel einen Chante-Alouette von Chapoutier).

*Das Rezept haben wir dem Buch »Les Secrets de la Mère Brazier. Une icône consacrée« von Roger Moreau entnommen. Es zählt zu jenen klassischen Gerichten, die den Ruf von Eugénie Brazier und ihrem legendären Restaurant »La Mère Brazier« in Lyon begründeten. Für Speisen wie diese erhielt sie 1933 als erste Köchin weltweit drei Sterne vom »Guide Michelin«. Übrigens machte Madame Brazier keinerlei Angaben dazu, wie man die Languste vor ihrer Verarbeitung töten sollte – das Wissen über die angemessene Technik wurde von ihr schlichtweg vorausgesetzt.

Adressen von Museen, Kulturinstitutionen und Restaurants ausgezeichneter Köchinnen

DEUTSCHLAND

Deutsches Kochbuchmuseum
  Westfalenpark Dortmund
  An der Buschmühle
  44139 Dortmund
  Telefon: 0231 / 5 02 57 41
  www.museendortmund.de

Cornelia Poletto
  Restaurant Poletto
  Eppendorfer Landstraße 145
  20251 Hamburg
  Telefon: 040 / 4 80 21 59
  www.poletto.de

Douce Steiner
  Hotel Restaurant Hirschen
  Hauptstraße 69
  79295 Sulzburg
  Telefon: 0763 / 4 82 08
  www.doucesteiner.de

ENGLAND

The Arts Club
  Mayfair
  40 Dover Street
  London W1S 4NP
  Telefon: +44 (20) 74 99 85 81
  www.theartsclub.co.uk

Hélène Darroze at the Connaught
  The Connaught Hotel
  Carlos Place, Mayfair
  London W1K 2AL
  Telefon: +44 (20) 31 47 - 72 00
  www.the-connaught.co.uk

Delia Smith
  www.deliaonline.com

Longleat House
  Warminster
  Wiltshire BA12 7NW
  Telefon: +44 (19 85) 84 44 00
  www.longleat.co.uk

Stansted House and Park
  Stansted Park
  Hampshire PO9 6DX
  Telefon: +44 (23) 92 41 22 65
  www.stanstedpark.co.uk

The Royal Pavilion
  Brighton
  East Sussex BN1 1EE
  Telefon: +44 (0) 12 73 / 29 09 00
  www.royalpavilion.org.uk

Uppark House and Garden
  South Harting, Petersfield
  West Sussex GU31 5QR
  Telefon: +44 (0) 17 30 / 82 54 15
  www.nationaltrust.org.uk/uppark

FRANKREICH

Hélène Darroze
  Restaurant Hélène Darroze
  4, Rue d'Assas
  75006 Paris
  Telefon: +33 (1) 42 22 00 11
  www.helenedarroze.com

La Mère Brazier Mathieu Viannay
  12, Rue Royale
  69001 Lyon
  Telefon: +33 (4) 78 23 37 18
  www.lamerebrazier.fr

Anne-Sopie Pic
  Maison Pic
  285, Avenue Victor Hugo
  26000 Valence
  Telefon: +33 (4 75) 44 15 32
  www.pic-valence.fr

ITALIEN

Casa Artusi
  Via Costa, 27
  47034 Forlimpopoli
  Telefon: +39 (05 43) 74 31 38
  www.casartusi.it

Centro Koinè
  Via dei Pandolfini, 27
  50122 Florenz
  Telefon: +39 (0 55) 21 38 81
  www.koinecenter.com

Valeria Piccini
  Ristorante Da Caino
  Via Canonica, 3
  58014 Montemerano
  Telefon: +39 (05 64) 60 28 17
  www.dacaino.it

Nadia Santini
  Ristorante Dal Pescatore
  Loc. Runate, 17
  46013 Canneto sull'Oglio
  Telefon: +39 (03 76) 72 30 01
  www.dalpescatore.com

LUXEMBURG

Léa Linster
  17, Route de Luxembourg
  5752 Frisange
  Telefon: +352 (23) 66 84 11
  www.lealinster.lu

NIEDERLANDE

Museum Van Loon
  Keizersgracht 672
  1017 ET Amsterdam
  Telefon: +31 (20) 6 24 52 55
  www.museumvanloon.nl

ÖSTERREICH

Hofburg Wien
  Kaiserappartements, Sisi Museum
  1010 Wien
  Telefon: +43 (1) 5 33 31 13
  www.hofburg-wien.at

Johanna Maier
  Hotel Hubertushof
  Am Dorfplatz 1
  5532 Filzmoos
  Telefon: +43 (64 53) 82 04
  www.hotelhubertus.at

Palais Palffy –
  Österreichisches Kulturzentrum
  Josefsplatz 6
  1010 Wien
  Telefon: +43 (1) 5 12 56 81-0
  www.palais-palffy.at

Schloss Ambras
  Schloss Straße 20
  6020 Innsbruck
  Telefon: +43 (1) 5 25 24-48 02
  www.khm.at/schloss-ambras

Sigmund-Freud-Museum Wien
  Berggasse 19
  1090 Wien
  Telefon: +43 (1) 3 19 15 96
  www.freud-museum.at

Sissy Sonnleitner
  Restaurant &
  Landhaus Kellerwand
  Mauthen 24
  9640 Kötschach-Mauthen
  Telefon: +43 (0) 47 15 - 2 69
  www.sissy-sonnleitner.at

Lisl Wagner-Bacher
  Landhaus Bacher
  Restaurant & Hotel
  Südtirolerplatz 2
  3512 Mautern / Wachau
  Telefon: +43 (27 32) 8 29 37
  www.landhaus-bacher.at

SCHWEIZ

Vreni Giger
  Restaurant Jägerhof
  Brühlbleichestraße 11
  9000 Sankt Gallen
  Telefon: +41 (71) 2 45 50 22
  www.jaegerhof.ch

Tanja Grandits
  Restaurant Stucki
  Bruderholzallee 42
  4059 Basel
  Telefon: +41 (61) 3 61 82 22
  www.stuckibasel.ch

Anne-Sophie Pic
  Beau-Rivage Palace
  Place du Port 17–19
  1000 Lausanne
  Telefon: +41 (21) 6 13 33 17
  www.brp.ch

SPANIEN

Elena Arzak
  Restaurant Arzak
  Avda. Alcalde José Elosegui, 273
  20015 San Sebastián
  Telefon: +34 (9 43) 27 84 65
  www.arzak.es

USA

Harriet Beecher Stowe Center
  77 Forest Street
  Hartford, CT 06105
  Telefon: +1 (8 60) 5 22 92 58
  www.harrietbeecherstowecenter.org

Julia Child's Kitchen
at the Smithsonian
  National Museum of American
  History
  Kenneth E. Behring Center
  On the National Mall
  14th Street and Constitution
  Avenue
  Washington D.C.
  Telefon: +1 (2 02) 6 33-10 00
  www.americanhistory.si.edu

Bibliografie

Diese Bibliografie stellt eine Literaturauswahl dar. Einige der im Text zitierten Quellen wurden nicht eigens aufgeführt; die Quellenverweise hierzu finden sich in der hier angegebenen Sekundärliteratur.

Amaranthes: Nutzbares, galantes und curiöses Frauenzimmer-Lexicon [...]. Leipzig 1715

Artusi, Pellegrino: Die klassische Kochkunst Italiens. Stuttgart 2005

Beecher, Catharine Esther; Beecher Stowe, Harriet: The American Woman's Home or Principles of Domestic Science. Gutenberg E-Book-Edition 2004: www.gutenberg.org/etext/6598

Beeton, Isabella: Beeton's Book of Household Management. London 1861. Web-Edition: www.mrsbeeton.com

Berthelsen, Detlef: Alltag bei Familie Freud. Die Erinnerungen der Paula Fichtl. Düsseldorf, Wien 1994

Brecht, Walter: Unser Leben in Augsburg, damals. Frankfurt am Main 1984

Bredow, Ilse Gräfin von: Gieß Wasser in die Suppe – heiß alle willkommen. Die Küche meiner Kindheit im Sommer. Bern, München, Wien 2001

Breunlich, Maria; Haas Helga: Karpfen, Krebs und Kälbernes. Ein bürgerliches Kochbuch aus der Barockzeit. Wien 2004

Budde, Gunilla-Friederike: Des Haushalts »schönster Schmuck«. Die Hausfrau als Konsumexpertin des deutschen und englischen Bürgertums im 19. und frühen 20. Jahrhundert. In: Europäische Konsumgeschichte, hg. v. Hannes Siegrist, Hartmut Kaelble u. Jürgen Kocka. Frankfurt am Main, New York 1997

Cachée, Joseph: Die Hofküche des Kaisers. Die k.u.k. Hofküche, die Hofzuckerbäckerei und der Hofkeller in der Wiener Hofburg. Wien, München 1985

Capatti, Alberto; Montanari, Massimo: La cucina italiana. Storia di una cultura. Roma, Bari 1999

Cliffe, John Trevor: The World of the Country House in Seventeenth-Century England. New Haven, London 1999

Cooper, Artemis: Writing at the Kitchen Table. The Authorized Biography of Elizabeth David. New York 2000

Cotta's Kulinarischer Almanach Nr. 12, hg. v. Erwin Seitz. Stuttgart 2004

Davidis, Henriette: Illustrirtes praktisches Kochbuch für die bürgerliche und feine Küche. Berlin 1906

Dies.: Die Hausfrau. Regensburg 1911

Davidson, Alan: The Pleasures of English Food. London 2002

De Rachewiltz, Siegfried W.: Speck aus Südtirol. Ein Beitrag zur Nahrungsgeschichte Tirols. Bozen 1995

Der Große Larousse Gastronomique. Das Standardwerk für Küche, Kochkunst, Esskultur. München 2009

Deutsches Kochbuchmuseum Dortmund (Hg.): wie belieben? Zur Situation von Dienstboten 1850 bis 1914. Dortmund 1989

DeVault, Marjorie L.: Feeding the Family. The Social Organization of Caring as Gendered Work. Chicago, London 1991

Dickie, John: Delizia! Die Italiener und ihre Küche. Geschichte einer Leidenschaft. Frankfurt am Main 2008

Drexler, Toni: Kellnerin, a Maß! Das Wirtshaus – die weltliche Mitte des Dorfes. Ausstellungsbegleitheft Bauernhofmuseum Jexhof. Fürstenfeldbruck 1997

Douglas, Ann: The Feminization of American Culture. New York 1977

Drouard, Alain: Geschichte der Köche in Frankreich. Stuttgart 2008

Elixhauser, Ursula; Krajicek, Helmut: Kochen und Konservieren. Begleitheft zur Ausstellung im Freilichtmuseum des Bezirks Oberbayern an der Glentleiten. Großweil 1992

Epp, Annette: Gerichte und ihre Geschichte. Kulinarische Zeitreisen. München 2005

Etzlstorfer, Hannes (Hg.): Küchenkunst und Tafelkultur. Culinaria von der Antike bis zur Gegenwart. Wien 2006

Feldhütter, Wilfried: Frauen der bayerischen Geschichte: Philippine Welser. Sendemanuskript für »Bayern – Land und Leute«. Bayerischer Rundfunk 1984

Flinn, Kathleen: The Sharper Your Knife, The Less You Cry. Love, Laughter, and Tears in Paris at the World's Most Famous Cooking School. New York 2007

Framke, Gisela (Hg.): Man nehme ... Literatur für Küche und Haus aus dem Deutschen Kochbuchmuseum. Bielefeld 1998

Fuchs, Eduard: Illustrierte Sittengeschichte vom Mittelalter bis zur Gegenwart. Renaissance. München 1909

Grieser, Dietmar: Die guten Geister. Sie dienten den Großen dieser Welt. Köchin, Butler, Sekretär. Wien 2008

Größing, Sigrid-Maria: Kaufmannstochter im Kaiserhaus. Philippine Welser und ihre Heilkunst. Wien 1992

Hartley, Dorothy: Food in England. London 1954

Haslinger, Ingrid: Tafeln mit Sisi. Rezepte und Eßgewohnheiten der Kaiserin Elisabeth von Österreich. Wien, München 2007

Hayward, Edward: Upstairs & Downstairs. Life in an English Country House. Pitkin Guide, Andover 2007

Henning, Friedrich-Wilhelm: Die Industrialisierung in Deutschland 1800 bis 1914. Paderborn, München et al. 1989

Hobmeier, Elsbeth; Wissing, Michael: Sterneköchinnen. Die besten Küchenchefinnen und ihre Rezepte. Baden, München 2007

Horn, Pamela: The Rise & Fall of the Victorian Servant. Trowbridge 2000

Hughes, Kathryn: The Short Life & Long Time of Mrs Beeton. London 2005

Locatelli, Giorgio; Keating, Sheila: Made in Italy. Das Kochbuch. Frankfurt am Main, Wien, Zürich 2008

Lord Bessborough; Aslet, Clive: Enchanted Forest. The Story of Stansted in Sussex. London 1984

Loren, Sophia: Komm, iß mit mir. München 1972

Karell, Viktor: Das Egerland und seine Weltbäder Franzensbad, Karlsbad, Marienbad. Frankfurt am Main 1966

Küppers, Topsy: Alle Träume führen nach Wien. Wien 2001

Lummis, Trevor; Marsh, Jan: The Woman's Domain. Women and the English Country House. London 1990

MAK – Österreichisches Museum für angewandte Kunst (Hg.): mäßig und gefräßig. Ausstellungsbegleitband. Wien 1996

Marie Valérie von Österreich: Das Tagebuch der Lieblingstochter von Kaiserin Elisabeth 1878–1899. Hg. v. Martha und Horst Schad. München 1998

McBride, Theresa M.: The Domestic Revolution. The Modernisation of Household Service in England and France 1820–1920. London 1976

Mennell, Stephen: Die Kultivierung des Appetits. Die Geschichte des Essens vom Mittelalter bis heute. Frankfurt am Main 1988

Miklautz, Elfie; Lachmayer, Herbert; Eisendle, Reinhard (Hg.): Die Küche. Zur Geschichte eines architektonischen, sozialen und imaginativen Raums. Wien, Köln, Weimar 1999

Moreau, Roger; Garnier, Roger; Brazier, Jacotte: Les Secrets de la Mère Brazier. Paris 2009

Moulin, Leo: Augenlust & Tafelfreuden. Essen und Trinken in Europa – Eine Kulturgeschichte. München 2002

Müller, Heidi: Dienstbare Geister. Leben und Arbeitswelt städtischer Dienstboten. Berlin 1981

Museum für Kunst und Kulturgeschichte der Stadt Dortmund (Hg.): Beruf der Jungfrau. Henriette Davidis und Bürgerliches Frauenverständnis im 19. Jahrhundert. Oberhausen 1990

Norman, Jill (Hg.): South Wind Through the Kitchen. The Best of Elizabeth David. Boston 2006

Oakley, Ann: Soziologie der Hausarbeit. Frankfurt am Main 1978

Ottomeyer, Hans, et al. (Hg.): Biedermeier – Die Erfindung der Einfachheit. Ostfildern 2006

Portmann, Adrian: Kochen und Essen als implizite Religion. Münster, New York, München, Berlin 2003

Potthoff, O. D.; Kossenhaschen, Georg: Kulturgeschichte der Deutschen Gaststätte. Umfassend Deutschland, Österreich, Schweiz und Deutschböhmen. Berlin 1942

Prato. Die gute alte Küche. Neu ediert und kommentiert von Christoph Wagner. Wien, Graz, Klagenfurt 2006

Rill, Bernd: Böhmen und Mähren. Geschichte im Herzen Mitteleuropas. Gernsbach 2006

Root, Waverley: In Frankreich schlemmen. Rüschlikon-Zürich, Stuttgart, Wien 1962

Schlegel-Matthies, Kirsten: »Im Haus und am Herd«. Der Wandel des Hausfrauenbildes und der Hausarbeit 1880–1930. Stuttgart 1995

Schreiner, Lorenz (Hg.): Eger und das Egerland. Volkskunst und Brauchtum. München, Wien 1988

Schroubek, Georg R.: Studien zur böhmischen Volkskunde. Münster, New York, München, Berlin 2008

Schubert, Heinz: Karlsbad. Ein Weltbad im Spiegel der Zeit. München 1980

Segalen, Martine: Die Familie. Geschichte, Soziologie, Anthropologie. Frankfurt am Main, New York, Paris 1990

Seifert, Traudl; Sametschek, Ute: Die Kochkunst in zwei Jahrtausenden. Das große Buch der Kochbücher und Meisterköche. Mit Originalrezepten von der Antike bis 1900. München 1977

Seymour, John: Vergessene Haushaltstechniken. Stuttgart 1987

Shoemaker, Lisa: Englisch kochen. Gerichte und ihre Geschichte. Göttingen 2007

Stringer, Helen: Mrs Beeton and Me. www.themediadrome.com

Stowe, Charles Edward: Onkel Toms Mutter. Harriet Beecher Stowe – ihr Leben in Briefen und Tagebüchern. Berlin 1980

Teuteberg, Hans J.; Wiegelmann, Günter: Der Wandel der Nahrungsgewohnheiten unter dem Einfluß der Industrialisierung. Göttingen 1972

Dies.: Unsere tägliche Kost. Geschichte und regionale Prägung. Münster 1986

The National Trust (Hg.): Uppark, West Sussex. Swindon 2006

Toklas, Alice B.: Das Alice B. Toklas Kochbuch. Berlin 1994

Virginia Marchioness of Bath: Lady Bath's Longleat Kitchen & Recipe Book. Warminster, 1980

Weber-Kellermann, Ingeborg: Frauenleben im 19. Jahrhundert. Empire und Romantik, Biedermeier, Gründerzeit. München 1988

Dies.: Landleben im 19. Jahrhundert. München 1987

Wechsberg, Joseph: Forelle blau und schwarze Trüffeln. Die Wanderungen eines Epikureers. Neuausgabe, München 1994

Wiedemann, Inga: Herrin im Haus. Diss. Berlin 1991

Wiegelmann, Günter: Alltags- und Festspeisen in Mitteleuropa. Münster, New York, München, Berlin 2006

Willan, Anne: Kochkünste aus sieben Jahrhunderten. Berühmte Köchinnen und Köche von Taillevent bis Escoffier. Bern, Stuttgart 1977

Zischka, Ulrike; Ottomeyer, Hans; Bäumler, Susanne (Hg.): Die anständige Lust. Von Esskultur und Tafelsitten. München 1993

Danksagung

Sprichwörtlich heißt es mitunter, viele Köche verdürben den Brei, doch stammt dieses geflügelte Wort aus einer Zeit, als die Zubereitung eines Haferbreis noch im Kessel überm offenen Feuer erfolgte. Heute ist das Kochen einfacher geworden, doch das Schreiben über das Kochen ist nach wie vor eine diffizile Angelegenheit. Und so fand die Arbeit an diesem Buch im übertragenen Sinne dankenswerterweise viele Beiköche, darunter auch die eine oder andere waschechte Küchenchefin, ohne deren Beiträge die hier präsentierten Geschichten wohl nicht so üppig hätten ausfallen können. Ihnen allen möchte ich von Herzen persönlich danken, namentlich den Sterneköchinnen Sissy Sonnleitner, Lisl Wagner-Bacher und Cornelia Poletto, die sich Zeit und Muße für Interviews genommen und teilweise eigene Rezepte beigesteuert haben. Dankbar bin ich auch allen Freunden und Kollegen, die mir bei der Literaturauswahl behilflich waren und mich teilweise großzügig aus ihrem Fundus bestückten, vor allem Elke Reese und Viktoria Scheitzach. Ein besonderer Dank geht auch an die Kuratoren Dr. Gisela Framke vom Deutschen Kochbuchmuseum, Dortmund, sowie an Tonko F. Grever und Diederik E. J. von Bönninghausen vom Museum Van Loon, Amsterdam, wie auch an die wissenschaftlichen Mitarbeiter der Bibliothek im Haus des Deutschen Ostens, München, sowie der Zweigstelle des Kunsthistorischen Museums Wien, Schloss Ambras in Innsbruck. Besonders hervorheben möchte ich die kollegiale Unterstützung von Susanna Knapp in der Redaktion des Guide Michelin Deutschland, die mitgeholfen hat, etwas Licht in die undurchsichtige Historie der weiblichen Sterneküche zu bringen. Zu Dank verpflichtet sind Verlag und Autorin auch der Leitung des Arts Club London für wichtige Hinweise zur Biografie jener Köchin, deren Porträt wir für das Cover ausgewählt haben. Ein Dank von Herzen gilt auch meiner Mutter und meinen engen Freunden, die in schwerer Zeit meine rechte Hand waren. Besonders gern denke ich auch an die humorvollen, feinsinnigen Ausführungen von Joanne Thomas und ihrer Kollegen, die als Mitarbeiter des National Trust die musealen Küchenräume von Stansted House in England mit ihren Erzählungen so wunderbar zum Leben erwecken. Und auch die Freude über die herzliche und vertrauensvolle Zusammenarbeit mit Elisabeth Sandmann, Eva Römer und Kuni Taguchi, die die Entstehung dieses Buches mit so viel Sympathie, Engagement und Liebe zum Detail begleitet haben, wird für mich immer mit der Arbeit an diesem Buch verbunden sein.

Katja Mutschelknaus

Register

Bildnachweis

Umschlagabbildungen
vorne: Das Gemälde »The Arts Club Chef« von Francis
Edwin Hodge (1883–1949) aus dem Jahr 1935 zeigt eine
leidenschaftliche Köchin des Dover Street Arts Club
© The Arts Club, London/Bridgeman Berlin
hinten: (v.l.n.r.) Elizabeth David © Estate of Elizabeth
David; Philippine Welser, Kunsthistorisches Museum
Schloss Ambras; Isabella Beeton, Interfoto/Mary Evans

S. 1 Elisabeth Sandmann Verlag, München
S. 5 Sony Pictures/Cinetext Bildarchiv
S. 9 Joachim Wtewael oder Utewael, »The Kitchen Maid«,
um 1620–1625, Privatsammlung/Bridgeman Berlin
S. 10 Louise Jopling, »Blue and White«, um 1896,
Privatsammlung
S. 13 bpk/Scala
S. 14 Friedrich Bouterwek, 19. Jh., The Art Archive/
Musée du Château de Versailles/Gianni Dagli Orti
S. 16 »Gelage im Freien im Rosen-Pavillon«, Niederlande,
um 1570, Privatsammlung, Interfoto/Bildarchiv Hansmann
S. 19 Privatsammlung/Bridgeman Berlin
S. 20/21 bpk
S. 22 Rijksmuseum, Amsterdam/Bridgeman Berlin
S. 23 um 1875, ullstein bild – Granger Collection
S. 24 »Still im Aug' erglänzt die Träne. Küchenlieder«,
Schallplatte, VEB Deutsche Schallplatten, Berlin (DDR)
S. 25 bpk
S. 26 Privatsammlung
S. 27 »Die Köchin«, Niederlande, 17. Jh., Privatsammlung
S. 29 The Art Archive/Ca Rezzonico Museum Venice/
Alfredo Dagli Orti
S. 30/31 Interfoto
S. 32 Interfoto/Sammlung Rauch
S. 33 Interfoto/Mary Evans
S. 34 Großküche, Ende 18. Jh., Bayerisches Nationalmuseum
München, Interfoto/Bildarchiv Hansmann
S. 35 Interfoto/Mary Evans
S. 36 Interfoto/Mary Evans
S. 37 Porträt Philippine Welsers, Kunsthistorisches
Museum Schloss Ambras
S. 38 akg-images
S. 39 Elisabeth Sandmann Verlag
S. 40 Georg Flegel (1563–1638), »Das Dessert«,
Alte Pinakothek München
S. 41 Jules Grun, »Ende des Abendessens«, 1913,
Musée des Beaux-Arts, Tourcoing

S. 42/43 »Praktisches Kochbuch«, Interfoto/Sammlung
Rauch; Messer, StockFood/Colin Cooke
S. 44 Menükarte, 1894, Interfoto/TV-yesterday
S. 45 The Art Archive
S. 46/47 Interfoto/Mary Evans
S. 48 George Dunlop Leslie (1835–1921), »Apple
Dumplings«, Hartlepool Museum Service, Cleveland,
England/Bridgeman Berlin
S. 51 Joachim Beuckelaer, »In der Küche«, 1566,
Musée du Louvre, Interfoto/Photoaisa
S. 52/53 Interfoto/Mary Evans; 53 rechts: The Art
Archive/Howell Walker/NGS Image Collection
S. 54 John Springer Collection/Corbis
S. 56 Interfoto/Mary Evans
S. 57 The Royal Photograph Collection
S. 58/59 Interfoto/Mary Evans
S. 60 Elisabeth Sandmann Verlag, München
S. 61 Interfoto/Photoaisa
S. 62 Paramount/The Kobal Collection
S. 64 Elisabeth Sandmann Verlag, München
S. 65 Johann Michael Voltz, »Der Geburtstag«, um 1830,
akg-images
S. 66 Fritz von Uhde, »Mädchen, Kartoffeln schälend«
(Kartoffelschälerin), um 1885, Wallraf-Richartz-Museum,
Köln, akg-images
S. 67 Interfoto/TV-yesterday
S. 68 Interfoto/Sammlung Rauch
S. 69 u. 73 Elisabeth Sandmann Verlag, München
S. 74 Albert Anker, »Stilleben: Languste«, 1882–1883,
Privatbesitz
S. 75 Elisabeth Sandmann Verlag, München
S. 76 Cinetext Bildarchiv
S. 77 Interfoto/Mary Evans
S. 78 links akg-images
S. 80 Interfoto/Sammlung Rauch
S. 81 Interfoto/Mary Evans
S. 82 Franck Antoine Bail, »Der Kürbis«, 1910,
Sotheby's/akg-images
S. 83 Interfoto/TV-yesterday
S. 84 John Strickland Goodall (1908–1996), »The Stairs
from ›Above and Below Stairs‹«, Privatsammlung
© Christopher Wood Gallery, London/Bridgeman Berlin
S. 85 Interfoto/Mary Evans
S. 86 NTPL/Prudence Cuming
S. 87 Cecil Aldin, »Hunt Dinner«, frühes 20. Jh., The Art
Archive/Private Collection Fontaine Frankreich/Gianni
Dagli Orti

S. 88 Privatsammlung © Christopher Wood Gallery, London/Bridgeman Berlin
S. 89 Küche von Windsor Castle, 1818, Privatsammlung/ The Stapleton Collection/Bridgeman Berlin
S. 90 ullstein bild – NTPL
S. 91 Luis Menendez (1716–1780), »Wassermelone und Orangen«, The Art Archive/Museo del Prado, Madrid/ Gianni Dagli Orti
S. 93 C. William, »Advantages of Modern Education«, 1825, Victoria & Albert Museum, London/Bridgeman Berlin
S. 94 Albert Anker, »Stilleben mit Schinken«, 1896, Privatsammlung
S. 95 Luís Menéndez (1716–1780), »Stilleben mit Taube und Korb«, Museo del Prado, Madrid, Interfoto/Photoaisa
S. 96 Carl Larsson, »Martina trägt das Frühstück auf einem Tablett«, 1904, Museo d'Arte Moderna di Ca' Pesaro, Venedig/Bridgeman Berlin
S. 99 The Art Archive/Culver Pictures
S. 101 bpk/Man Ray/VG Bild-Kunst, Bonn 2010
S. 104 Privatsammlung/Foto © Bonhams, London/ Bridgeman Berlin
S. 106 Privatsammlung/Foto © Bonhams, London/ Bridgeman Berlin
S. 107 Osias Beert d.Ä. (1622–1678), »Stilleben« (Ausschnitt), Privatsammlung
S. 109 Interfoto/Fratelli Alinari, Florenz/Maraini Fosco
S. 110 Interfoto/Friedrich
S. 111 Interfoto/Mary Evans
S. 112 Interfoto/TV-yesterday
S. 113 akg-images/Bianconero
S. 116 RMN/Jacques Couli
S. 117 © Estate of Elizabeth David
S. 118 Elizabeth David, »Book of Mediterranean Food«, um 1950, Privatsammlung/The Stapleton Collection/ Bridgeman Berlin
S. 119 Museo del Prado, Madrid
S. 120 Interfoto/Photoaisa
S. 121 Interfoto/Mary Evans
S. 125 Kunsthistorisches Museum, Wien/ Bridgeman Berlin
S. 126 Christian Wilhelm Allers, »Köchinnen beim Auftragen der Suppe«, 1888, Lichtdruck nach Zeichnung, akg-images
S. 127 Interfoto/Photoaisa
S. 128 Interfoto/Brown
S. 129 Elisabeth Sandmann Verlag, München

S. 130 Kunsthistorisches Museum, Wien/ Bridgeman Berlin
S. 132 Privatsammlung/Bridgeman Berlin
S. 134 ullstein bild – Imagebroker.net
S. 135 EFE/Ballesteros
S. 136 Eugénie Brazier, picture-alliance/dpa; Käse, Interfoto/Mary Evans; Schülerinnen, Interfoto/ TV-yesterday
S. 137 Leon Reding, »Plucking the Pigeon«, 19. Jh., Berko Fine Paintings, Knokke-Zoute, Belgien/Bridgeman Berlin
S. 140 ullstein bild – Historisches Auge
S. 142/143 Carl Larsson, »Die Küche«, um 1895 © Nationalmuseum, Stockholm/Bridgeman Berlin

Wir danken für die Genehmigung zum Abdruck folgender Rezepte:

Kapitel 1, Seezunge mit Wermut, ein Rezept von Antoinette Carnet, Köchin und Wirtin der Auberge de la Tour, Paris; dieses Rezept haben wir dem Buch »Geheimtips aus der französischen Küche: 200 Rezepte der berühmtesten Köchinnen Frankreichs und ein Führer zu ihren Restaurants« von La Reynière ent- nommen, 1978 im Verlag Droemer-Knaur erschienen.

Kapitel 4, Riz à l' impératrice, Historiker vermuten, dass dieses Rezept auf Auguste Escoffier zurückgeht; dieses Rezept haben wir dem Buch »Die neue Küche: das Kochkunstbuch vom König der Köche« von Paul Bocuse, 1977 im Econ-Verlag erschienen.

Kapitel 5, Cailles en Sarcophage (Wachteln im Sarkophag); ein Rezept nach der Novelle »Babettes Fest« von Tania Blixen, 1989 im Manesse-Verlag erschienen.